甩掉多餘壓力，輕鬆掌握工作要領

專注於20%的任務，
並迅速處理其餘80%的「工作技巧」

要領よく
成果を出す人は、
「これ」しかやらない

塚本亮

賴郁婷 譯

前言

⦿「我到底在為什麼而努力？」

雖然很突然，不過我想問大家一個問題。

你現在的日子過得充實嗎？

「每天有做不完的工作。」

「沒時間做自己想做的事。」

「犧牲了和另一半及家人相處的時間。」

你是不是也像這樣，每天被做不完的事情追著跑，不知道該怎麼辦才好？

如今人力不足的問題日益嚴重，許多職場都紛紛傳出哀號。

即便工作多到做不完，但每一件事情還是得全力以赴，無法敷衍了事。

在這種兩難的情況下，當然無法專心投入在真正應該做出成績的重要工作上。可是又免不了會感受到一股「必須做出成果來」的壓力。

這種感覺實在讓人快要崩潰。

事實上，我自己也曾經因為工作壓力超出負荷，變得什麼事都不想做，整個人完全提不起勁，而且還持續了好一段時間。

接到委託案時的喜悅，是我一直以來的工作動力。

其中雖然有一些是我不擅長，也沒有經驗，連我自己都不曉得對方為什麼要委託我來做的工作。

但是，即便如此我還是會接下委託。除了很開心自己的能力受到肯定之外，另一方面也是因為擔心萬一拒絕，會不會以後就接不到工作了。

就這樣不知道從什麼時候開始，我漸漸覺得這一切超出了自己的能力。

每天從早到晚都在工作，卻始終做不完。

不管做什麼都感受不到樂趣。

就連以前做得很開心的工作，不知不覺地也感受不到樂趣了。

取而代之的是永無止境的負面思考。

「我到底是為了什麼每天這麼拚命？」

「我努力的方向是對的嗎？」

最後，我覺得自己再這樣下去不行，於是決定面對問題。

過去我總是忙於工作，沒有時間停下腳步。

後來我才發現。

重要的不是對每一項工作都全力以赴，而是專注在重要的工作上，想辦法用最少的勞力創造出成果。

因為精力和時間都是有限的。

更重要的是，人生也是有限的，只有一次的機會。

若要打破這種情況，必須讓自己專注在最重要、能創造出成果的「兩成的工作」上，並且有效率地完成「剩餘的八成工作」。

在重要的工作上投入大量時間和精力，不太重要的工作則以省時省力的方式來處理。

接下來的內容就會以這個概念為主軸來進行。

⊙做得愈快、工作愈多的兩難

在這裡我想先針對書名當中的「善於掌握要領」下定義。

我所認為的「善於掌握要領」，指的是「具備辨別力」。

面對每一件事情，首先第一步都要先判斷「這件事有做的必要嗎？」。

與其快速完成資料，有沒有可能讓資料打從一開始就沒有存在的必要？

每星期的固定會議，有沒有可能取消？

有沒有可能不必再一一緊盯著部屬或工作夥伴的工作進度？

換言之，會對「一直以來理所當然的事」產生質疑的人，就是善於掌握要領的人。

雖然一直以來都是默默地做，但是一旦認真去思考這些事情是否真的有必要做，就會發現其實根本沒有必要。

從這一點來看，這是一本教你「停下來」的書。

一本教你停下來，從零開始重新審視現在的自我的書。

人往往會根據自己的經驗和知識，以及一般的常識來判斷事物。但是，在此我想請大家先暫時拋開這些，從一個全新的角度來重新思考。

之所以會這麼說是因為，市面上有很多讓工作變得「更快」、「更簡便」等相關主題的書籍，可是我的疑問是，這些方法真的能夠提升工作成果，或是讓自己有多餘的時間去做自己想做的事嗎？

我的意思當然不是要否定這一類的書，**但實際情況是，提高了工作效率之後，要做的事情反而變多，導致許多職場都因此陷入疲憊。**

這種做法真的能帶來「真正的富足」嗎？

這本書的內容，就是要帶大家針對這一類書籍的「下一步」去做思考。

該做的事就去做，沒有必要的事不必去做。

專注在重要且值得花時間投入的工作或是活動，並針對能夠有效率完成的事情，思考更輕鬆的進行方式。能夠靠流程來推動的東西就盡量流程化，不要依賴幹勁或是毅力那種容易動搖的東西。

這種明確的做法，才是擁抱富足人生的手段。

⊙停下腳步，重新審視自己一直以來的工作方式

隨著彈性工作和遠距工作的環境逐漸完善，如今無論人在哪裡都可以工作。這讓許多人可以不必再為了開會四處奔波，省下不少交通時間，也不必再承受上下班尖峰時間所帶來的壓力。

然而，有些人卻因此失去了工作和生活的界線，不斷延長的工作時間導致身心俱疲。

也有人雖然因為線上會議省去了交通時間，但事實上卻多了更多的會議要開。

這不禁讓人想問，追求效率的目的究竟是為了什麼？

這本書就是針對這些對自己的努力感到徒勞無力的人所寫的。假如你也有這種感覺，不妨找間咖啡店，用一杯美味的咖啡，透過接下來的內容跟我進行對話吧。

第1章：介紹本書概論，也就是「該放鬆的事情」和「該投入的事情」。

第2章：介紹避免因為壓力而造成生產力下降的「心理」。

第3章：介紹以最少的勞力創造成果的「用腦時機」。

第4章：介紹不為不必要的事而煩惱的「人際關係」。

第5章：介紹專注於能帶來成果的兩成任務，並迅速處理其餘八成的「工作技巧」。

第6章：介紹投入時間努力終將獲得回報的「時間術」。

我會在接下來的內容中，針對這些內容一一說明。

我會透過這本書向大家拋出三十五個問題。

這些問題也許會讓大部分的人產生共鳴，但可能也有讓你覺得不認同的地方。

不過，我寫這本書的目的，只是想讓大家藉由跟我對話的這段時間，和你自己

內心深處的聲音進行對話。

因為在忙碌的生活中，也許根本沒有時間去做這件事。

即使有一種莫名的感覺，知道自己必須重新審視現況，但卻不知道該從何做起。

要進行思考，問題非常重要。

各位可以把這當成是一本集結所有重要問題的書。

重點不在於對錯，重新自我審視的時間也許才是擁抱富足的第一步。

因此，在接下來的閱讀過程中，請盡可能地停下來思考，而不是以讀完這本書為目標。

也可以準備紙筆，把自己的想法和浮現在腦中的事情盡量寫下來。

希望這段與自己獨處的時間，能為你帶來富足的人生。

塚本　亮

目次

第1章 人生最重要的是辨別「該放鬆的事情」和「該投入的事情」

第2章 甩掉多餘壓力的「健康心理」

第3章 能帶來成果的「用腦時機」

第4章 不煩瑣的「人際關係」的心得

第5章

專注於兩成任務，並迅速處理其餘八成的「工作技巧」

第6章

創造最高效益的「時間管理術」

第1章

人生最重要的是辨別「該放鬆的事情」和「該投入的事情」

1.1 比起要做什麼，更重要的是決定「不做什麼」

生活中有許多「該做的事情」或「最好要做的事情」，可是，這些真的都是必要的嗎？無論是在工作上或是生活中，如果無法專注於「真正重要的事情」，那麼也許應該先決定「不做什麼」。

⊙忙碌不一定有意義

蘋果創辦人史蒂夫・賈伯斯曾說過一句話：

「最重要的決定不是要做什麼，而是不做什麼。」

每天被生活追著跑，全力以赴面對眼前的工作，很容易讓人忘記人生終有結束的一天，不可能永遠不休息。

人的時間和精力都是有限的。

善於掌握要領的人很瞭解時間和精力是有限的資源，所以不會凡事都全力以赴，而是專注在那些會帶來成果的工作，或是對自己有意義的活動上。

他們通常會根據自己的目標和價值觀，明確地區分「要做的事情（該投入的事情）」和「不做的事情（該放鬆的事情）」。

不過說來慚愧，其實我自己以前也做不到這一點。

我在拙作《「すぐやる人」と「やれない人」の習慣》（暫譯：有行動力的人和沒有行動的人的習慣）一書中介紹了擺脫拖延習慣、提高行動效率的方法。這也使得這本書成了熱銷五十萬冊以上的暢銷書。

這本書的成功讓大家覺得我是個「有行動力的人」，許多和我本業無關的工作也開始紛紛找上門。

工作變多當然很開心。

但是，就在我毫不選擇地接下所有工作，全心全意投入的同時，我感覺到自己正漸漸被消磨殆盡。

「有行動力」固然是工作上非常重要的習慣，但是我發現自己就連「不必做的事情」，也會投入全部心力去面對。

於是，後來我不再毫不選擇地接下所有工作，只要是沒有興趣或不想做的，我一概拒絕。

我也改變習慣，只在特定時間集中處理電子郵件，不再像以前那樣一收到信就立刻回覆。

就這樣，透過決定哪些是「不做的事」，我不但變得更專注，還能以最少的努力創造出成果。

這段經驗讓我學習到「忙碌不一定是有意義的」。

在工作上被需要是件開心的事，但同時這也是個陷阱。**忙碌會給人一種自己正在做點什麼的感覺，可是一旦被忙碌淹沒，就會讓人無法專注在能夠帶來成果的工作，或是對自己有意義的事情上。**

正因如此我才深刻體會到，比起「要做什麼」，更重要的是明確地決定自己「不做什麼」。

⊙ 透過「對自己提問」來決定不做什麼

話雖如此，但我想還是有很多人會因為「無法隨便敷衍了事」，或是「不信任把工作交給他人」，所以才會無法區分「要做的事情」和「不做的事情」，而把所有事情都攬在自己身上。

關於這部分，在後續內容中會針對不同情況的應對方法做詳細解說。不過，在區分「要做的事情」和「不做的事情」時，有個方法大家可以先試著做做看。

那就是**問自己：「如果不做那樣工作的話，會怎麼樣嗎？」**

假如不做那項工作，會造成什麼影響嗎？
如果不做的話，工作會無法完成嗎？
那樣工作對實現自我（或是團隊）目標是必要的嗎？

大家可以試著回過頭來這麼問自己。
也許你會意外發現，那樣工作是早該改掉的內部習慣，或是可以用新的方法取而代之。
如果是這樣的話，就可以廢除習慣，或是藉由提出新的做法來進行改善。

辨別真正重要的事情，且排除沒有必要做的事情。
這才是擁抱富足人生的秘訣。
這個自我提問，就是為了專注達成自我目標而決定「不做什麼」的第一步。
善於掌握要領的人都知道要盡量遠離浪費時間的事，只在對自己最有意義的活動上花時間。

因此，請具體找出對你自己最重要的事情。

當你找到之後就會知道，除此之外的事情對你的人生其實都沒有多大的意義。

Point

想想看「如果不做那件事的話會怎樣」。

1.2 專注於兩成重要工作的「省力」策略

做完該做的事情之後，接下來就算想做重要的工作，或是投入自己的興趣，身體早已累得完全沒有體力和精力。如果你也是這樣的話，有個足球選手是你可以學習的對象，那就是國際足球巨星梅西。

⊙比賽場上的梅西並非隨時都用盡全力衝刺

善於掌握要領的人不會凡事都全心投入，而是聰明地分配使用精力。這類型的人會讓人聯想到知名足球員梅西的踢球風格。

事實上，梅西在比賽的時候並不是隨時隨地都全力奔跑，只有在射門的瞬間，或是決定比賽勝負的關鍵時刻帶球進攻時，才會全力衝刺，除此之外他其實還滿常休息的。

這並非單純地在偷懶。

而是為了保留體力，以便在「該投入的時候」，也就是在重要時刻能夠奮力出擊。

這種精準控制緩急的做法，相當類似於「80/20 法則」，也就是整體百分之二十的努力能創造出百分之八十的成果。這個法則說明了將精力集中於重要任務的必要性。

善於掌握要領的人會把重心擺在這百分之二十的任務上，只投入適度的勞力在剩餘的百分之八十。

就拿處理郵件來說好了。

善於掌握要領的人不會每一封信都花同樣的時間來處理，只有在特別重要的段落才會花時間用心回覆，其他像是「感謝您一直以來的支持與照顧」之類的固定用法，都是透過自動選字來輸入。

另外，會做事的業務員會優先處理簽約可能性較高的客戶，對於可能性較低的客戶，通常不太會付出相同的精力來應對。

由此可知，善於掌握要領的人會分辨哪些是「該投入的事情」，把自己的精力做最適當的分配，在必要的時候發揮必要的力量，高效且有效地達成目標。

⊙你有辦法隨時隨地全心投入，且持續長達四十年的時間嗎？

控制緩急不僅有助於在「關鍵時刻」發揮力量，還能保持能長久維持的表現。

換句話說就是能在不會感到疲累的狀態下，取得長期的成功。

希望能延長活躍在職場上的年數，這不只是足球選手的心聲，對一般上班族來說也是如此。

在接下來的時代裡，會有愈來愈多人年過六十五歲還必須繼續留在職場上做事，等於大學畢業後會有長達四十年的時間都在工作。如果是高中畢業就投入職場的人，工作年數更久。

那麼，我們有辦法隨時隨地都全力以赴嗎？的確有些人可以辦得到，但那也只是極少數的人而已。**無論再怎麼注重健康，大部分人的活力和體力都會隨著年齡逐件衰退。這是無法抵抗的事實。**

正因如此，我們應該改變工作方式，找出那些能創造出80％成果的20％的任務，在「關鍵時刻」全力以赴。

除了做好眼前的工作之外，隨時意識到這些工作將如何帶領自己達成更大的目標，這才是通往成功的第一步。

Point

懂得分辨緩急，工作才能做得長久。

1.3

當個「八十分主義者」

完美主義者通常具有強烈的責任感，但另一方面對工作卻不懂得妥協，因此很容易把一大堆事情往自己身上攬。這類型的人該怎麼做，才能讓自己放鬆、減輕肩上的壓力呢？接下來的內容就為那些認真努力的人，介紹幾個放鬆心情的思考方式。

⊙完美主義者的恐懼

完美主義者大部分給人的感覺都是連細節都非常講究，會把工作做到完美，擁有「職人精神」，不會隨便敷衍了事。從這一點來看，完美主義者可以說相當值得信賴。

但是另一方面，當任務一多，必須同時進行好幾個專案的時候，這類型的人卻很難放下工作。

因為他們追求的是完美的一百分，因此即便八十分才是最恰當的做法，他們也無法接受。

為什麼完美主義者會無法妥協呢？

臉書前營運長雪柔・桑德伯格（Sheryl Sandberg）曾說過以下這番話，可以看出她對完美主義的深入觀察。

想要兼顧一切、期待自己每件事情都能做得好，這樣的想法注定讓人大失所望。完美是我們的敵人。

完美主義者通常會給自己設定遠大的目標，而且十分在意他人對自己的評價，害怕犯錯。

因此才會無法妥協地把工作都攬在自己身上，導致工作表現下降。

這種個性不僅會讓人變得討厭不完美的自己，而且長期承受龐大的壓力還可能對心理健康造成傷害。

這些都是完美主義者所承受的痛苦。

一旦情況變糟，完美主義者就會把自己關進自己的籠子裡。

美國心理學家史蒂芬．柏格拉斯（Steven Berglas）和愛德華．瓊斯（Edward Jones）所提倡的「自我設限」（Self-handicapping）的概念，很清楚地說明了這一點。

「自我設限」是一種自我防衛的心理機制，會用「失敗是不得已的」作為藉口來為自己辯解，或是「根本就不去挑戰」。

完美主義者經常會用「我是因為太忙了才沒做好」，或是「我最近不太舒服，所以還是拒絕好了」等說法來保護自己。

這麼做雖然可以守住自尊心，卻也會讓自己變得只會想辦法找藉口來保護自己，而不敢勇於挑戰目標。

若是一味地追求完美，將會使得自己陷入這種自我設限的心理，最終扼殺了自己的可能性。

⦿與其追求完美的一百分，不如以實用的八十分為目標

我們應該追求的不是完美的一百分，而是實用的八十分。

既然工作只要做到及格，即使不完美也能進行下去，那麼有時候策略性的妥協也是必要的。

說到底，工作本來就沒有所謂的滿分，因為這不是學校的考試，並不是只有一個標準答案。

完美主義者心目中的滿分，不一定就是上司或客戶、市場想要的東西。有很多完美主義者認為不妥的企劃，結果卻意外暢銷，大受顧客歡迎。

不只在工作上，在學習上最好也要避免追求完美。

以學英文為例，除非是專業的翻譯人員，否則英文單字只要記得大概的意思就

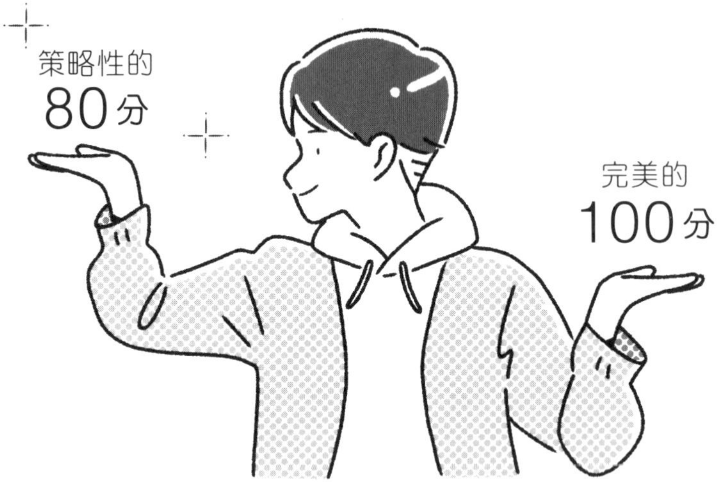

行了。如果有上下文，從前後的單字就能掌握大概的意思。

所以不需要記住所有的意思。但是，我遇過很多人因為過於追求完美，經常太過執著於一個單字，而導致學習停滯不前。

學習單字最重要的是「重量不重質」，隨著認識的單字愈多，理解能力也會愈來愈好。因此我會建議大家，單字的意思會隨著上下文改變，所以只要瞭解七、八成的意思就行了。

懂得適度放鬆對於實現高效而健康的生活，也是很重要的技巧。

特別是在現代社會，這種思維方式更為重要。

在這個大部分的人都承受著成果壓力的現代社會，追求更佳表現的完美主義者有愈來愈多的傾向。

然而，正如前面所說的，過於追求完美反而會因為壓力等原因而導致表現下降。

與其如此，策略性地妥協才能讓工作和生活變得更加充實。

Point

有時候不妨策略性地做出妥協。

1.4

「運氣」不好的時候先停下腳步

無論做任何事情都不順利的時候，最重要的是要先「冷靜」下來。運氣不好的時候，與其繼續往前衝，應該先重新調整姿勢，也就是改變「該投入的事情」。

⊙人生分為「進攻」和「防守」

有時候無論是在工作上或是生活中，沒有一件事情是順利的。相信大家都有這種經驗。

這真的會讓人感到壓力倍增，彷彿被這個世界拋棄，獨留自己在原地踏步。

人生就如同「潮汐」。

有時候海浪一來，各種機會和喜悅自然接踵而至。這是所謂的漲潮時期，這時候你會感覺一切順利，人生散發著耀眼光彩。

另一方面，人生也有退潮的時候，凡事都不如預期，或是遭遇到一點挑戰或困難。這種時候就是最好的機會讓自己稍微停下腳步面對內心的聲音，好好地思考未來。

人生中的漲潮是進攻的時期，大可盡量去做想做的事情。

相反的，做什麼都不順遂的退潮就是防守的時期。相較於漲潮，這時候「該投入的事情」也會變得不一樣。

不過別擔心，機會一定會到來，因為「進攻」和「防守」的變化就跟大自然或人生的節律一樣，隨時都在改變。

對這樣的循環坦然接受，也許才是最重要的。

從運動賽事就能清楚看出這種「局勢的變化」。

在比賽場上，好運不會一直站在某一方，有時候團隊合作會發生狀況，或是遭遇被對手節節進逼的危機。

在這種時候，最好不要過於焦急而強行進攻。

因為焦急可能會導致連續失誤，或是讓自己陷入無法挽回的困境。

在這種危急時刻，應該告訴自己要忍住焦慮，先冷靜下來，重新調整自己。這時候不妨以不失分為最優先，確實做好防守，藉此重新找回團隊的節奏，冷靜等待機會的到來。

全隊冷靜下來、團結一致，才是扭轉比賽的關鍵。

⊙不順遂的時候，不妨先暫時停下腳步

有些人會在不順遂的時候為了改變現況而嘗試新的事物。我認為這種做法基本上應該要避免。

因為這時候的進攻很難帶來成果。**這種時候最正確的做法，應該是乾脆「停止自己現在的腳步」。**反思和分析「不順遂的原因」，才是眼前的當務之急。

大部分的人對於停止做某些事會感到不安，或是有罪惡感。這和商場上的「沉沒成本」概念很類似。所謂的「沉沒成本」，意思是所投入的成本如沉沒海底般無法回收。這會讓人因為覺得「可惜」而難以放棄已經開始的事情。

但是，真正重要的應該是不拘泥過去，回過頭來重新審視現況，從全新的角度重新思考事物。

要擺脫不順遂的情況，必須先面對問題，而不是放任問題不管。嘗試新事物或許相對容易，但有時候也必須要有放棄的勇氣。

我本身就是個好奇心旺盛、喜歡挑戰新事物的人。運氣好的時候，做什麼都很順利，也會覺得挑戰充滿樂趣。

可是，當運氣不好的時候，有時候也會因為做什麼都不順利而感到痛苦。在這種時候，我會告訴自己要忍耐，花時間仔細找出不順遂的原因。

並且徹底放棄造成那些問題原因的事物。

人生有順遂，也有不順遂的時候。**順遂的時候勇於挑戰，不順遂的時候也絕不勉強自己。**

這種張弛有度的拿捏非常重要。

找出不順遂的原因並且面對處理，才有辦法做好準備迎接下一個挑戰。

對新事物充滿好奇而挑戰固然是件

很棒的事，但除此之外，在不順遂的時候冷靜分析現況，必要的話果斷放棄，這也會給自己帶來重要的學習和成長。

Point

不順遂的時候就好好地把眼前的事情做好，靜待機會的到來。

1.5 持續的關鍵在於「放縱日」的運用

工作也好，生活也好，到最後心靈和身體才是最大的本錢。若是沒有健全的心理和健康的身體，不可能擁有高品質的生活和成功的事業。但有些人就是不懂得休息，所以接下來就要為這類型的人介紹善於掌握要領的人常用的「放鬆方法」。

⊙長期作戰需要靠「放鬆」來維持動力

工作上的目標並非一朝一夕就能達成。

念書或減重之類的目標也是一樣，必須花上好幾個月的時間一步一步地進行。

這時候最重要的是，持續為達成目標努力，而關鍵就在於養成習慣適度休息，並持續保持適度的緊張感。

但是，過度認真的人通常都覺得「偷懶是不對的」，因此即便身體已經疲憊不堪，還是堅持不休息，繼續做事。

這種做法遲早會累到筋疲力盡而喪失動力。

這麼一來非但無法做出成果，在達成目標之前可能就已經累倒了。

相較於此，善於掌握要領的人就很擅長放鬆休息。在我所認識的這類型的人當中，若是從正面的角度來說，通常都給人一種很會「找藉口休息」的感覺。

簡單來說，他們會給自己保留所謂的「cheat day」，可以翻譯成「犯規日」或是「放縱日」。

舉例來說，減重時通常會因為限制熱量或醣質攝取而容易產生壓力。這些壓力若無法順利排解，人就會喪失動力，很難繼續堅持下去。

另外，在減重的過程中，體重上上下下是很正常的事，這也造成許多人感到沮喪，覺得自己都已經那麼努力了，卻還是瘦不下來。

因此，減重的時候也要每個星期保留一天「享受自己喜歡的食物的日子」。藉著開心品嘗蛋糕或是拉麵等平常不能吃的東西，減輕在長達好幾個月的減重生活中所累積的壓力，恢復日漸低落的動力。

尤其是在體重停滯的期間，聰明地利用放縱日，能保持動力或是重新找回鬥志，讓自己繼續堅持下去。

阿姆斯特丹自由大學的研究顯示，比起沒有設定「放縱日」的人，有設定的人更能夠朝著目標持續努力下去。

這份研究也發現，設定放縱日能帶來以下三種效果：

第一，重新找回自制力（發揮自制力）。

第二，更容易保持動力。

第三，情緒穩定。

實際上我就有個運動員的朋友，他每個禮拜會給自己一天放縱日，盡情地吃喜歡的東西。

他表示，雖然平常每天都進行嚴格的飲食控制，但是透過把放縱日當成每個禮拜最期待的事情之一，自己才有辦法情緒穩定地保持動力，做到自我克制。

以上雖然是透過減重的例子來說明放縱日的效果，不過無論是工作還是學習，放縱日對於持續做某件事來說都非常重要。

凡事都會遭遇不如預期和停滯的時期。

在事情如預期般順利進行的時候，人會因為全心投入而感覺不到疲累。可是，一旦出現停滯期，就會覺得愈來愈累。

在這種時候，放縱日就能發揮效果。

最重要的是，這時候千萬別再進一步強迫自己。只要透過放縱日讓自己稍微放鬆，轉換一下心情，就能重新找回動力。這可以算是長期保持動力和達成目標的最佳策略。

這雖然是很理所當然的道理，不過我還是要再次強調，無論是工作還是生活，身心健康才是最大的本錢。

身心健康不僅有助於提升工作效率和創造力，生活也能變得更加充實。相反的，當健康受到危害，工作的生產力也會受到影響而下降，生活也會變得愈來愈不快樂。

因此，日常生活中隨時注意身體狀況、保持健康，才是擁有成功事業和幸福生活的重要關鍵要素。

Point

遭遇停滯期時，不妨給自己充電一下吧。

第2章

甩掉多餘壓力的「健康心理」

2.1 就算試圖克服弱點，也不會帶來好結果

每個人都有各自的長處和弱點。面對自己的弱點，大部分的人都會試圖要去克服，但是善於掌握要領的人通常不會特意想要去修正自己的弱點。相反的，他們會擅用對方的長處來彌補自己的弱點，因為這麼做能減輕給自己的壓力。

⊙尊重對方的專業

每個人都有各自的「適性」與「專長」。

有些人對數字感到抗拒，有些人不擅長人際關係；有的人滿腦子都是創意靈

感，有的人很擅長抓住人心。正因為每個人都運用了各自的專長做出貢獻，這個社會才得以運作。

在運動場上也是如此，有些人擅長防守，有些人擅長攻擊。有些人跑得快，有些人擁有絕佳的戰術判斷能力。一個團隊之所以能發揮作用，是因為擁有不同個性的人大家集結在一起，彼此發揮自我優點和長處的緣故。

因此，善於掌握要領的人對於自己不擅長的事情，絕對不會勉強去挑戰，或是試圖想要去克服。

因為可想而知的是，無論如何就是不擅長的事情，即使努力去做，也要花很多時間才能完成，而且還不見得能得到成果。

與其如此，**將不擅長的事情交給在這方面比自己厲害的人去做，不僅合理，事情也會進行得更順利。**

我的公司有提供英文修潤與校正的服務，每個使用者的需求真的都各不相同。

有的人希望我們幫忙修潤物理學方面的專業論文，也有人找我們幫忙修潤美術史專業論文，甚至還有法律文件方面的委託案。

對於自己專業以外的領域，例如艱深的物理學論文，即便日文再怎麼厲害，要看懂恐怕也很困難。因為這必須要先理解專業知識和用語，因此除非對於該領域十分精通，否則要正確理解內容確實很困難。

這所牽涉到的就不只是語言本身而已，可以說是對高度專業領域的整體瞭解。

同樣的，並不是以英文為母語的人就看得懂所有的英文文件。

尤其在專業領域方面，若是缺乏該領域的專業知識，將很難正確理解文件內容。

舉例來說，法律、醫學、工程學等領域經常會用到各種專業用語或概念，想要看懂這些內容，必須先具備這方面的學習和經驗。

檢視英文文件也是一樣，除了要看懂英文以外，更重要的是對於文件內容的相關領域也要十分精通才行。

由精通該領域的人來做，事情肯定會進行得更順利。因此，我正在建立一套機制，找來熟悉各領域的海外自由工作者，將工作委託給他們來處理。

這是因為把工作交付給熟悉該領域的人來負責，不僅比較可靠，而且會進行得更順利，也能為使用者提供最適當的服務。

就結果來說，尊重專業，將適當的職責交付給各個領域的專家，這才是提升整體效率、創造最佳成果的關鍵。

⊙ 你的專業是什麼？

如果問我自己的強項（專業）是什麼，我認為應該是擅長開發新的點子。

但是，即便擁有創造力和創新的技能，在實現想法的過程中，我自己一個人的力量還是有限。

若要將我腦袋裡的想法或願景轉換成具體計畫，且進行管理和執行，就必須要有一位管理者。

我的想法之所以能成形，全都多虧了有這些將它拆解、細分並加以管理的人。

對我來說，瑣碎的作業和日常管理都是我不擅長的領域。

與其把精力耗費在這些細節上，專注於我所擅長的領域，也就是激發創意，效率會更好。

因此，我意識到在組織或團隊中最重要的是，與擅長處理細部作業的人合作，將這些任務交託給他們，藉此達到提升整體生產力的結果。

透過這種方法，我不僅能把自己所擅長的發揮到極限，同時還能提升團隊整體的效率和成果。

激發想法和將其付諸實現，需要的是不同的技能組合。

我的想法若要變成現實，就必須靠團隊合作的發揮，也就是善用每個人不同的擅長領域。

那麼你呢？面對不擅長的事情，你是不是會強迫自己「非得想辦法做出點什麼成果來」？

做事情若要有技巧，就必須懂得做出選擇。決定做什麼固然重要，但更重要的是決定不做什麼。

Point

弱點必須靠補強，發揮自我強項才能看見成果。

2.2 不要改變自己，改變「環境」吧

下班回到家忍住不喝酒，繼續準備證照考試；減肥期間忍住想吃甜食的欲望……事實上這種自制力長期下來，正是造成動力下降的原因。既然如此，有沒有什麼方法可以不靠自制力就戰勝欲望呢？

⊙ 只靠意志力會讓人覺得好累？

各位聽過這個研究嗎？

加拿大卡爾頓大學的瑪麗娜．米利亞夫斯卡婭教授（Marina Milyavskaya），和多倫多大學的麥可．因茲李克特教授（Michael Inzlicht）在二〇一七年共同進行了

一項研究，以一百五十九名大學生為對象，調查目標達成率和接觸誘惑次數之間的關係。

研究結果顯示，接觸誘惑的次數愈少，達成目標的可能性愈高。

也就是說，若要達成目標，最重要的並不是戰勝誘惑，而是從根本上盡可能減少接觸誘惑的機會。

以長期來看，對抗誘惑的自制力，其實就是造成動力下降的主因。

例如，當你決定「為了減肥而忍住不吃蛋糕」的時候，壓抑「想吃」的欲望會消耗你的心理能量，進而影響到減肥的動力。

善於掌握要領的人都知道要避免和自己進行不必要的戰鬥。

因為他們很清楚，使用意志力就是一種精神上的消耗。

讓我們再來看早起準備證照考試的例子。買了參考書，設定好早起的時間，並且擬定讀書計畫。到這裡為止都算是好的開始。

但是，真正的關鍵在於如何對抗誘惑。如果周遭環境充滿誘惑，想要按照讀書計畫進行就會變成十分困難。

因此，這時候最重要的應該是想辦法讓自己能夠專注於讀書計畫，例如調整讀書環境，讓自己身處在接觸不到誘惑的地方。

像這樣刻意減少接觸誘惑的機會，才是達成目標的關鍵。

尤其智慧型手機可能常會成為阻礙的要因。

如今聯絡的速度變快，手機無時無刻響個不停。有時候正當想要做什麼，下一秒手機便傳來LINE的訊息通知，或是社群媒體的更新通知，因此造成分心。

這方面問題的應對策略包括有：在念書或工作的時候，把手機放到其他房間，或是關閉通知等，想辦法讓自己保持專心。或者，事先設定好手機的使用時間，也是減少誘惑的方法之一。

透過運用這些小技巧，也許就能節省意志力，同時還能讓自己專注在原本的目標上。

在現代社會中，找到與科技相處最適當的方法，應該可以說是達成目標不可或缺的技能。

善於掌握要領的人通常都很瞭解自己的弱點和極限，所以會藉由減少讓自己處於需要自我控制的情況來維持動力。

之所以能做到這一點，是因為他們對於自我極限有充分的瞭解，且能夠坦然接受。換句話說，他們對於自己的能力不會過度自信。

說到底就是要充分瞭解自己。這也許就是聰明達成目標的重要關鍵。

想要毫無壓力地達成目標，最好的方法就是親手營造容易專注的環境。大家不妨先瞭解自己的弱點和極限，再採取相對的因應措施。

Point

營造不需要仰賴自制力的環境。

2.3 控制「負面情緒」，不讓生產力受到影響

有時候難免會受到負面情緒的影響，導致工作停擺，生活也變得不開心。情緒起伏每個人都有，善於掌握要領的人又是怎麼控制負面情緒的呢？

⊙愈是逃避「負面情緒」，心情會愈糟糕

每個人都會有情緒起伏。

心情好的時候充滿鬥志和動力，做任何事情都很積極。然而，日子不可能永遠開心，很多時候也會被負面情緒綁架，例如不安、悲傷、沮喪、痛苦等。

特別是同時面臨各種挑戰的時候。

正確來說，大多時候反而都是不順心的，動不動就會受到負面情緒的影響。

如何和每經過一段時間就會出現的負面情緒相處，對於維持生產力來說非常重要。

面對負面情緒，大部分的人都會想要盡早擺脫。事實上這是不對的。過於急著擺脫負面情緒，反而會讓它更加壯大。

各位有聽過反彈效應嗎？

這是心理學上很常聽到的一種概念，意思是在沮喪或痛苦、難過的時候，愈是勉強振作，負面情緒反而會變得更強烈。

愈是想要逃避負面情緒，反而會讓所有的注意力都集中在負面情緒上。必須快點振作起來，現在不是悲傷的時候……這種認真的個性反而會把自己逼入絕境。

有個實驗叫做「矛盾反彈理論」（Ironic process theory）。

這是美國心理學家丹尼爾・韋格納（Daniel Merton Wegner）所做的實驗，受試者在看完關於白熊的影片之後，被要求「不要想白熊」的組別，反而滿腦子想的都是白熊。

這個實驗結果顯示，當人刻意想要避開某樣事物的時候，實際上反而會讓自己更加注意那樣事物。

因此，在工作上犯了重大錯誤，或是生活中遭遇失戀等痛苦的時候，不要強迫自己要忘記它，不如坦然接受這些負面情緒。**悲傷的時候就讓自己沉浸在悲傷中，痛苦的時候要接受痛苦。這才是最重要的。**

此外，別自己一個人承擔負面情緒，向信任的朋友或是家人吐露自己的心情，效果也不錯。找個人聊一聊，心情會輕鬆許多。

將負面情緒說出來之後，心裡比較不會鬱悶，可以更具體地瞭解情緒的本質。

對於生活在充滿壓力的現代社會的人們而言，控制情緒是自我管理的一部分。瞭解如何用健康的方式和負面情緒共處，並付諸實踐，可以說是現代人必備的素養。

學會控制情緒除了能保持健康的心理之外，也會開啟通往長期成功的道路。因為一旦擁有了即使面對困境也不受負面情緒影響的能力之後，自然就不會再畏懼挑戰。

為此，首先要做的就是接受負面情緒，不要試圖掩蓋它。

只要能夠先試著做到這一點就夠了。

Point

面對負面情緒，要盡快找出口宣洩。

2.4 控制「認同需求」的方法

每個人都會有「認同需求」，也就是希望獲得他人的肯定。但是，這種渴望的心情若是過於強烈，就會受到他人評價的影響，而導致自己身心俱疲。我自己就曾經因為強烈的認同需求而遭遇失敗，接下來我就要跟大家分享從那次的經驗中學習到的「控制認同需求的方法」。

⊙厭倦了努力，就是認同需求過於強烈的證明

各位有想過人為什麼要努力嗎？

是為了想給人留下好印象，或是想獲得認同呢？

我想包括我自己在內，大部分人的答案應該都不是這些。真正的原因應該是為了更接近理想中的自己，或是為了達成目標而努力。

然而，這個努力最初的形式，有時候會因為認同需求而變得扭曲。

認同需求本身是每個人都會有的心情，「希望獲得他人的認同」是很正常的事。

可是，麻煩的是「過度強烈的認同需求」。一旦認同需求過於強烈，就會對他人的評價或目光過度敏感，變得會看人臉色，很容易受到他人反應的影響，而不是根據自己的價值觀來做決定。

這麼一來會讓人忘了努力的最初目的。原本為了自己而付出的努力，在不知不覺中目的卻變成為了獲得他人的肯定。

此外，腦海裡各種多餘的雜念也會讓人無法專注於眼前的工作或是活動，因而效率變差。

結果非但交不出好的成果，反而變得眼光狹隘，只在意眼前的事……

如此一來只會讓人感到心很累。以前的我就是這樣。

在1.1節當中也有稍微提到，以前我因為太想獲得他人的認同，勉強接下許多工作，害得自己經常處於超出負荷的狀態。

即便我一直問自己到底該不該做這些工作，但終究還是無法戰勝想獲得認同的心情。

到最後，我甚至變得討厭自己，質疑自己為什麼要做那些和自己應該前進的方向無關的事情。

在這種情況下，只是不斷在消耗身心能量。

對於受到委託的工作若是感覺不對，當然就不會有動力，也不會想要去完成它。漸漸地，我的工作表現也開始受到影響。

後來有一天，我突然意識到這對把工作交託給我的人來說，是非常失禮的行為。

因為說到底，對每件事全力以赴，才有辦法獲得他人的認同。

假如現在的你覺得「好累，不想努力了……」，很可能是因為你的認同需求已經失衡。**因為這種心情說明了你已經分不清楚「為了他人而努力」和「為自己努**

力」。

在這種時候，不妨試著想想自己想獲得肯定的心情是否過於強烈。

並且重新思考「自己想做什麼樣的工作、想過什麼樣的生活」。這個反思的用意，是為了確認自己現在的努力是否與達成目標有關。

當然，周遭的意見也不能完全無視。

特別是在工作上，委託者或是接受的人覺得有意義，工作才得以成立。因此，瞭解對方想要的什麼，也是非常重要的一環。

只不過，如果能確定自己的價值觀，就能辨別「對方的價值觀」和「自己的價值觀」。

如此一來，就能退一步看待現在的工作和付出，不會再拚命地想要迎合他人的期待，身心也不會再處於過度緊張的狀態。

Point

問問自己的內心：「我是為了誰在努力？」

2.5 愈是善於掌握要領的人，失敗經驗愈多

你是不是以為善於掌握要領的人就不會失敗呢？事實上正好相反，在大家看不到的地方，他們其實不斷在累積失敗的經驗。因為他們很清楚，如果只做「不會失敗的工作或努力」，會讓自己一步步陷入困境。

⊙「早點小小地跌個跤」，才不會遭遇大失敗

大家也許都覺得善於掌握要領的人很能幹，認為他們能夠快速完成工作，而且持續做出成績來。

表面上看起來確實如此，但實際上在看不見的地方，他們也不斷地在經歷失

敗。

因為他們永遠都在進行小小的嘗試錯誤。

善於掌握要領的人都明白，即便例行業務的完成速度再快，如果只是一直做那些確定一定能交出成果、「勝券在握」的工作，自己是不會有所成長的。

因此，善於掌握要領的人都相信「失敗是有意義的」。

已故職棒教練野村克也曾說過：「寫做『失敗』，讀做『成長』。」善於掌握要領的人也一樣，很清楚從失敗中累積見識的重要性。

當然，失敗對任何人來說，都是盡量避而遠之的東西。但是，及早小小地跌個跤，才能避免在關鍵時刻遭遇大失敗。

舉例來說，在向客戶做簡報之前，先找主管或是同事當對象，試著用不同的簡報方式來觀察對方的反應。在做新商品的提案報告之前，先從公司內部找幾個接近目標客群的人，請他們針對商品給予意見。

簡單來說就是做市場測試，而且得到的負面回饋愈多，愈能獲得成長。

因此，不要太在意短期的成功或失敗。

我在決定挑戰任何事物時，通常會以「自己能否從中獲得成長」作為判斷標準，而不是「自己能不能做得好」。

因為我很清楚，從小失敗中獲得的學習，能促使自己成長並迎來最終的成果。

愛迪生說過：「我沒有失敗，我只是找到一萬種行不通的方法。」這句話也是成功者經常談論失敗的例子之一。

這句話是個很好的例子，說明了不該拘泥於短期的勝敗，應該將眼光放在遠大的目標上。

既然決定要挑戰了，即使屢遭失敗也是理所當然。只要抱持著這種精神，並且從失敗中學習，長久下來一定能迎來成功。

⊙成功和失敗的真正意義，要到最後才會明白

短期的成功有時候也會帶來長期的失敗。

因為偶然的成功所引發的自滿，很可能會導致將來的失敗。

我自己就有這種經驗。

當年在進入劍橋大學就讀研究所的時候，我開始了自己的服裝事業，而且很快地在創業初期就創下亮眼的成績。

這個經驗讓我誤以為「賺錢很簡單」，因此在取得碩士學位、回到日本之後，我便開始把它當成事業認真經營。

剛開始一切都很順利，可是很快地情況有了一百八十度大轉變。

我沒有察覺到自己的成功只是「偶然」的運氣，在持續不斷擴張之下，最後慘遭失敗。

當時我低估了這個世界，以為「一切都很簡單」，但現實並非那麼容易。

這個經驗就是最好的例子，說明了短期的成功會帶來慘痛的失敗。這個慘痛失敗雖然帶給了我重重一擊，但從中學到的教訓卻成為我如今的根基。

現在我的想法是：「正因為有當年的失敗，才有今天的我。」

剛才提到的職棒教練野村克也，除了說過「寫做『失敗』，讀做『成長』」之外，還說過另一句話：「有不可思議的勝利，沒有不可思議的失敗。」

這句話的意思是，失敗一定有原因。從我的經驗也可以很清楚地看到，自滿於短期的成功而忘了將眼光放遠，結果只會導致失敗。

這些經驗讓我對勝敗有了透徹的理解。

重點在於不自滿於短期的成功，從失敗中學習，藉此讓自己迎向下一次的成功。不畏懼失敗地持續挑戰，將過程中學到的教訓視為寶貴學習，這將會成為通往最終成功的道路。

有則成語叫做「塞翁失馬，焉知非福」。

比喻乍看之下不幸的事情可能會帶來幸運，幸運的事情也可能會招致不幸。意思是在人生當中，幸運和不幸不是能輕易斷定的。

成功和失敗不也是一樣嗎？

在某個時間點，什麼是真正的成功，什麼是真正的失敗，誰也說不準。

跌倒或失敗，都是改進的機會。若是能針對犯錯的地方確實改進，就能幫助面臨同樣問題的人。

所以，無論決心挑戰任何事物，即使失敗了，也不必感到羞愧。

因為從失敗中學到的教訓就是寶貴的線索，能夠讓自己不再犯同樣錯誤，朝著成功邁進一大步。

只要不對結果感到失望，無論是失敗或成功，都會成為成長的養分。

Point

不要拘泥於短期的成功或失敗。

2.6 用有趣的心態看待和自己「不同的價值觀」

接受和自己不同的意見是件很難的事，但是與其起衝突，坦然接受不僅比較沒有壓力，自己也會獲得成長。想要在這個每個人擁有不同價值觀，且經常「無法獲得共識」的社會上聰明地生存，有什麼訣竅呢？

⦿ 因為不過度自信，所以能坦率地接受他人的意見

跟合得來的人或是價值觀相同的人相處的時光是快樂的；相反的，和氣場不合的人在一起，有時候會讓人覺得很煩躁。

不過，善於掌握要領的人隨時都是抱著開放的心態，對新方法或不同的意見積

極接受。

他們知道自己的知識和方法並非永遠正確，因此對於吸收新知識總是充滿熱情。

這種態度也讓他們能夠深入獲得廣泛的知識。

除此之外，善於掌握要領的人也很清楚，自己的做法不一定是最有效的，只要有更好的方法，他們都會樂於接受。

透過拋開成見地學習新事物，讓他們在面對各種多變的環境或不同的思維時，都能夠輕鬆適應。

這種開放的態度能擴展自己的視野，讓人變得能夠接受各種想法或方法論。

開放的態度指的不僅僅是接受新資訊，還包括尊重不同的觀點或意見，將其視為擴展自我思維的機會。

這種心態使得善於掌握要領的人即使在多元的環境中，也能輕易獲得成功，面對各種情況都能靈活應對。

相反的，做事不得要領的人總認為自己的知識和做法才是正確的，呈現封閉心態，所以會抗拒學習新事物，或是堅持自己的做法。

從心理學上來說，這是受到「維持現狀偏誤」（Status Quo Bias）作用的影響。這是一種不願意接受未知事物或未曾經歷過的事情的心理傾向。堅持自己的知識和做法的人，由於無法客觀審視自己，因此往往難以察覺自己的錯誤。

⦿ 巴黎的電梯沒有關門鈕

除了維持現狀偏誤以外，還有另一種認知偏誤叫做「確認偏誤」（Confirmation Bias），意思是當人抱有某種成見的時候，會不斷收集支持該成見的說法，並且對反對意見視而不見。

尤其現在是社群媒體的時代，很容易就能找到跟自己有相同價值觀的人。

在判斷自己的想法或做法是否正確的時候，本來就必須思考自己有可能是錯的。

封閉心態的人通常不會特地想去改變自己的想法，只會下意識地收集各種有利於自己的資訊，導致想法愈來愈偏激。

在自我成長的過程中，很重要的一點是必須要有動搖自我價值觀的體驗，但這並不容易。

因此，接觸不同的事物或人們，思考他們為什麼和自己不同，便成了懷疑自我的契機。

試圖去理解不同思維和價值觀的形成，可以幫助自己擴展視野。

出國旅行也是接觸不同文化與價值觀很有用的方法之一。

舉例來說，透過體驗不同於日本電車準時發車的其他國家的交通工具，可以瞭解到不同的生活型態和價值觀。

我自己就是從巴黎的電梯沒有關門鈕這件事，體會到不同文化底下的生活方式和價值觀，並且開始反思自己的價值觀。

日本今後也會有愈來愈多的外籍工作者。

認識不同文化或價值觀的人，能夠促使我們重新思考自己的生活方式與工作方式。

對擁有不同思維或文化的人產生興趣，或是努力去理解對方，不僅能促使自我成長，對建立更豐富多元社會來說也是很重要的一步。

推動時代前進的，是那些擁有與該時代壓倒性多數不同思維的人們。

綜觀過去的歷史也可以發現，創立新時代的往往是那些突破常識框架思考的人。因此，擁有跟自己不同思維的人，很可能就是走在下一個時代的先驅。這話雖然只是可能，卻也提供了我們一個重要的思考角度。

索尼集團創辦人之一的井深大曾說過：「當常識與非常識發生碰撞時，就會激發出創新。」可見對新事物保持開放的態度非常重要。

不執著於自己既有的知識和方法，敞開心胸接受新的想法或資訊、意見，這一點非常重要。當你開始對一直以來視為理所當然的想法產生質疑，內心的常識與非常識發生衝突的時候，新的思維很可能便因此誕生。

對新事物抱持開放的態度，除了能幫助自我成長，同時也是推動創新或時代改變不可或缺的力量。

藉由突破自我內心的既定觀念，接受不同的觀點或全新的思維，也許能幫助自己開拓視野，激發出更豐富多元的思考。

Point

透過出國旅行等方式去多多接觸不同的文化與價值觀吧。

第3章

能帶來成果的「用腦時機」

3.1 你有努力做到「不努力」嗎？

如今每個職場都面臨人手不足的問題，我們必須以更少的時間和勞力來創造最大的成果。因此，減少不必要的努力就成了關鍵。但是實際上該怎麼做呢？

⦿努力得不到回報的人常見的某個「誤解」

在日本生產力中心根據經濟合作暨發展組織（OECD）的數據所公布的「二〇二三年勞動生產力國際比較」報告當中，二〇二二年日本每小時的勞動生產力為五十二點三美元（約五千零九十九日圓，以購買力平價換算），在OECD的三十八個會員國中位居第三十名。

這個結果是自一九七〇年以來的最低排名，從統計上來看，顯示了日本勞動效率的低落。

日本人雖然給人「努力不懈」的印象，但問題是即使工作時間長，生產力依舊低落。

由此看來，刪除和目的沒有直接關係的不必要的作業，把時間用來創造更有效的成果，這種「不努力的努力」，或許也很重要。

說到底，每一件事都一定要努力嗎？

假如不努力也能達成目標，那不是很好嗎？

沒有比不做更好的事了，最好能盡量節省力氣。

省下來的力氣就能用來專心面對那些能真正創造出成果的工作，或是充實自己的生活。這才是最好的做法。

對於善於掌握要領的人來說，「努力不過只是達成目標的手段」。

可是，做事不得要領的人卻會把努力當成目標。

以為「只要努力，一定會成功」、「做不好是因為不夠努力」。但即使盲目地長時間工作，埋首於眼前的任務，最後還是得不到任何成果。

常說自己很忙的人，毫無疑問地工作一定都很認真，可是給人的印象卻大多是努力得不到相對的評價或成果。

之所以會這樣是因為，就連不需要努力的事情，他們也會付出精力去做。

例如製作資料，做事不得要領的人經常會在資料中塞入過多不必要的資訊，導致篇幅變得太冗長，但都不是大家真正想知道的內容。

最後得不到評價，自己也因此喪失動力。

真正需要的是重新檢視自己的工作方式，找到能夠有效帶來成果的方法。

例如決定工作的優先順序、嚴格做好時間管理、制定有效的安排、必要時尋求適當的協助等，實踐各種有助於提升效率的具體策略。

這不僅適用於工作，也適用於運動或戀愛等每一件事。如果在不必要的努力上過於投入，很多時候會造成白費精力，最後反而得不到成果。

因此，想要用最低的勞力獲得成果，一定要謹記「努力減少不必要的努力」。

這時候，隨時正確掌握「努力的方向」就變得非常重要。必須隨時問自己是否保持在正確的方向上，才能以最短距離達成目標。

所以要問自己：「這個努力是必要的嗎？」

這麼做也是為了避免自己過度投入在眼前的工作，花了太多精力在脫離原本目的的不必要的作業上。

把努力用在真正「需要努力的地方」吧。

這麼做才有辦法以同樣的時間和精力，達成更高的目標。

Point

不需要努力的事情就「別付出太多精力」。

3.2 以最短時間做出成果的「目的思考法」

為了達成目的，最好別做無謂的事，盡量保留精力和體力。但是，實際上無論是在工作上還是生活中，我們總是經常在繞遠路。為什麼會這樣呢？

⊙ 你的努力是朝著正確的方向嗎？

要做到簡單思考，最重要的是使目的明確。

通往目的地的路徑有很多，但重要的是隨時問自己，正在前進方向是否通往目的地。

舉例來說，在安排法國旅遊的時候，假設目的是為了「參觀世界遺產聖米歐爾山」，那麼就要思考達成目的方法或計畫。

從日本到巴黎可以選擇搭飛機，或是從倫敦搭乘歐洲之星等，方法非常多。其他瑣碎的問題也必須一併考慮，包括從巴黎到聖米歐爾山的移動方式、停留時間、費用、其他觀光行程安排等。此外，法國的交通運輸經常會有罷工的情形，因此在安排參觀聖米歐爾山時，也許需要預留更多的時間才行。

像這樣只要目的明確，就能朝著目的做有效的安排或計畫。換句話說，設定目標之後，就能思考要用什麼方法去達成，或是哪些手段和路徑是最適合的。

然而，在我們的計畫或行動中，手段往往變成了目的。

如果只是繞遠路倒還好，但偏偏有時候會因此迷失了目標，找不到方向。沒有比這更讓人充滿壓力了。

舉例來說，假設公司內部為了提升業務效率，啟動了一項內容包括導入全新軟體、重新檢討工作流程等的計畫。

可是，有時候隨著時間的經過，導入新軟體和改善工作流程卻反而變成目標，而忘了原本提升工作效率的目的。

瘦身也是一樣，一開始是為了健康，可是到最後減重本身卻變成了目標，不知不覺瘦身的目的從健康變成減重，甚至有時候會演變成不健康的飲食習慣或過度運動。

社會人士學英文也會發生類似的情況。原本是為了在工作場合上能夠流利說英文，可是到最後卻把考高分當成了目標。這樣是學不到任何實用技巧的。

想要避免這種情況，最重要的就是必須定期回頭檢視自己的目標。

也就是說，在行動或計畫的推動過程中，必須不斷問自己：「為什麼要這麼做？」「一開始的目標是什麼？」

只不過，無論是在工作上或是生活中，有時候也必須具備更換目標的靈活性。因為面對變幻莫測的社會，一直以來堅持的目標，可能會瞬間變得毫無意義。

因此，透過定期審視目標來調整行動和計畫，也許就能從中找到另一條可帶來成果的最快途徑。

確保目標明確不僅能避免不必要的努力，同時也是讓自己穩健地踩在通往成功道路的關鍵。

善於掌握要領的人在採取任何行動的時候，都會不斷反思自己的目標是什麼，行動本身又能如何幫助自己達成目標。

因為目標愈明確，達成目標的行動選擇就會愈清楚簡單。相反的，如果目標不明確，會讓人失去方向，不知道該怎麼做，於是經常沒有明確目的地行動，如此一來將可能造成不必要的努力或猶豫。

因此，在做任何決定的時候，清楚知道該行動能如何幫助自己實現最終目標，並以此為基準來決定要不要採取行動，這才是實現簡單思考的關鍵。

換言之，透過明確目標清楚找到判斷基準之後，思考就會變得簡單多了。

Point

小心別把「目標和手段」顛倒了。

3.3 察覺大家「沒注意到的問題」

善於掌握要領的人都很清楚該如何應對自己身處的情況。要做到這一點，必須具備能綜觀全局、判斷情況的「俯瞰力」。具備俯瞰力不僅能採取適當的行動，還能看見肉眼察覺不到的「變化」。

⊙比起進球，更在意帶球突破的球員

我們每天都會根據自己的想法做出許多決定，因此具備「大局觀」就變得非常重要，也就是「俯瞰力」。「俯瞰力」指的是藉著從宏觀的角度看待事物，以瞭解整體情況和發展過程的能力或思維方式。

換言之，具備俯瞰力的意思就是不被眼前的事件所侷限，能夠根據長期目標或整體角度來做出判斷或採取行動。

舉例來說，在足球比賽中，帶球突破對方防守是一種非常過癮，而且帥氣十足的技巧。

但是，足球是一種十一人對十一人的團體運動。

即使想盡辦法帶球突破眼前的對手，緊接著若是被等在後面的其他對手搶走球，一切就會變得毫無意義。

因為足球是比誰進的球多，而不是比帶球突破人數的多寡。

假如傳球給隊友能夠更輕鬆地逼近對方的球門，那麼就必須選擇那樣做。熟練的帶球技巧固然必要，但是與其同樣重要、甚至更重要的，是必須要具備判斷帶球時機的能力。

也就是說，如果無法判斷帶球是否為當下最好的選擇，就會變成「單純自以為是」的行為。這並不是該努力的地方。

能夠綜觀全局，瞭解自己的角色並採取行動，才是善於掌握要領的人所具備的條件。

⊙運用俯瞰力推測看不見的「變化過程」

據說頂尖的足球選手都具備俯瞰力，在球場上踢球時，彷彿可以同時從空中俯瞰整個比賽場地。

因此，俯瞰力強的選手能夠在比賽的時候瞭解整個球場上的局勢，包括哪個選手在哪裡、哪個位置有空檔等，全部都能清楚掌握。

這使得他能夠敏銳地察覺到球場上的變化，創造出關鍵機會。

如果只看見球場上的某部分，應該就無法察覺到這些變化。

社會上的變化也是同樣的道理，若只關注某部分的變化，將會忽略整個社會的潮流變化。因應眼前的變化採取對策以獲得利益固然重要，但有時候等到察覺社會的巨大改變時，一切都已經太遲了。

二〇〇六年我第一次到劍橋的時候，在超市看到一幕相當衝擊的景象——賣場裡一半以上全是冷凍櫃。

英國人不像日本人一樣經常下廚，但除此之外，後來我才知道，背後更大的原因是因為英國的高離婚率，以及單親世代和單身世帶的人口愈來愈多的緣故。

從那之後經過了大約十五年，觀察日本的超市和超商會發現，以單身人口為客群的商品大幅改變了店頭的潮流。十五年前的英國經歷，彷彿早已預見現代日本生活型態的變化。

這個英國超市的例子反映出社會的巨大變動，暗示著光從眼前的事件無法察覺的深層文化或社會變動，正在水面下默默發生。

如果是善於掌握要領的人，就能從這個例子察覺到日本也將迎來這股潮流，並在大家尚未察覺時提早採取行動。這就是嗅出商機的能力。

眼前所見的只是冰山一角，水面下正在發生的事情，才是真正應該動腦去思考的重點。

Point

動腦去想像那些眼前看不見的變化吧。

3.4 運用「因數分解」找出原因

在工作上也好，生活中也好，我們要解決的問題總是非常複雜，讓人不知道該從何著手。其實，這種時候只要先把「問題拆成小部分」，就會漸漸看見解決的線索。

⊙漫無目的地努力是無法解決問題的

由於工作性質的關係，我常有機會在各所大學授課，指導許多學生。在這過程中，我經常感覺到每個人解決問題的能力之間，存在著非常明顯的差距。

精明的學生由於擅長解決問題，能夠精準掌握問題的根本原因，所以他們所付出的努力往往能直接改善問題。

他們會透過分析問題來瞭解原因，並進一步找到有效的解決辦法。

相反的，不得要領的學生總是在尚未掌握問題原因之前就貿然採取行動，導致無法找到有效的解決辦法。

由於無法掌握問題的根本原因，所以會不斷地遭遇同樣的問題。

舉例來說，如果想提升英語聽力測驗的成績，你會怎麼做呢？是不是會以為必須透過聽英文來提升聽力，所以努力聽了很多英文呢？這是做事不得要領的人的做法。

讓我們來回想一下實際的聽力測驗是什麼樣子。

桌上擺著題目冊，裡頭有問題和選項。透過這些可以知道問題是什麼、有哪些選項。

接著注意聽錄音機的內容，瞭解內容意思之後，再從選項中勾選認為正確的答案。

這就是聽力測驗的過程。首先必須要先看懂題目和選項，如果看不懂，恐怕就很難找到正確答案。

因為根本不知道題目在問什麼。

另外，如果就連錄音檔的文字稿也看不懂意思的話，就更別說是聽錄音檔來充分掌握內容了。

因為用看的還可以花時間慢慢去理解。可見看不懂的最主要原因，就是單字和文法的理解不足。

根據這一點，如果想要提升聽力測驗的成績，必須具備以下三個要素：

- 快速正確理解題目和選項意思的能力
- 看懂測驗中所出現的單字和文法
- 瞭解英文發音

這幾個要素還可以再進一步詳細分析，不過只要大概掌握這三個方向，清楚知道自己該怎麼做，就能透過努力來提升成績。

但是，實際上很多人就算努力練習英語聽力，還是感覺不到成績的提升。

這是因為他們都迷失了正確的努力方向。

想要朝著正確的方向努力，必須先將問題分解成小部分來思考「哪些是必要的」。但實際情況是，很多人都在這個地方卡住了。

⊙你是不是在用「抽象表現」打迷糊仗呢？

善於掌握要領的人都有一個共通點，就是擅長「因數分解」。

例如，在安排專案進度的時候，他們會分成「計畫管理」、「團隊合作」、「確保資源」等不同要素來思考。

這裡所說的不是數學上的因數分解，而是使課題的構成要素明確化。

想要達成任務並做出成果，必須要有能力去具體分析哪些要素是必要的。

舉例來說，倘若專案只許成功、不許失敗，這時候就必須分析促成專案成功的要素有哪些。

如果只是抽象地說「讓我們一起努力推動專案吧」，到頭來大家根本不知道該怎麼做。幹勁雖然很重要，但是光靠幹勁是無法帶來成果的。

舉個常見的例子來說：

專案成功＝正確的計畫×團隊合作×資源的有效利用

可以像這樣拆解成不同的成功要素來思考。

透過這樣的要素分析，就能針對具體的問題去思考，例如：

「計畫這樣安排正確嗎？或是需要再重新調整？」

「怎麼做才能加強團隊合作？」

「可利用資源是否有做到充分利用？」

別再說「讓專案順利進行」這種抽象的話了，應該要說的是「透過提升計畫的精確度，強化團隊合作，並有效利用資源，藉此來成功推動專案」。這樣的說法會讓大家更清楚掌握到具體的行動計畫。

「只有努力」是不夠的。

畢竟成功光靠幹勁是無法達成的。

Point

將問題拆解成小部分來思考，才會知道該採取哪些具體行動。

3.5 善於掌握要領的人為什麼不會重蹈覆轍？

每個人都經歷過犯錯和失敗，只不過善於掌握要領的人絕對不會重蹈覆轍。會重複犯錯的人和錯過一次就學會的人，兩者之間究竟有何差別呢？

⦿「經驗學習模式」的四大步驟

大家有聽過「經驗學習模式」嗎？

這是心理學家大衛．庫伯（David Kolb）所提出的，同時他也在一九八四年的「經驗學習理論」（Experiential Learning Theory）中做了詳細說明。

經驗學習模式的根本思維是，學習的過程主要建立於實際的經驗上。

生活在現代這種環境變化劇烈的時代，最重要的是必須要能夠從日常經驗中獲得學習，並將其整合轉化為自己的知識或技能。

因此，經驗學習圈（Experiential Learning Cycle）可以說是一個非常重要的過程，能將經驗轉化成知識，以促使自我成長。

透過瞭解這個方法並加以實踐，即使面對不斷改變的環境，也能適應並持續成長。

經驗學習模式指的就是從具體經驗中獲得學習並成長，主要包括以下四個步驟：

①體驗：進行實際的體驗。

②反思內省：行動的反思和回饋，也就是針對經驗進行反省和分析的過程。

在工作上也稱為「回顧」，兼具「檢討」（reflection）的重要意涵。這個階段最重要的是必須具備從經驗中學習的意願。

③學習：從各方面去分析經驗並從中獲得學習。透過反思建立「這次成功了（或失敗），所以下次應該這麼做」的假設。這個階段所獲得的學習，將會成為自己的技巧或知識。

④應用：修正行動並進行挑戰。將獲得的學習應用在實際的工作場合上，並從中獲得新的經驗，作為下一個經驗學習圈的基礎。

善於掌握要領的人會在經歷之後，隨即進行回顧與反思，並從中獲得學習。這種做法能夠有效運用新鮮的記憶，歸納整理出具體且有意義的教訓。

他們會深入去思考所經歷的事情，並對自己的行為和結果負責。這個過程會幫助他們不斷改進以避免重蹈覆轍，達到持續的成長。

經驗學習模式

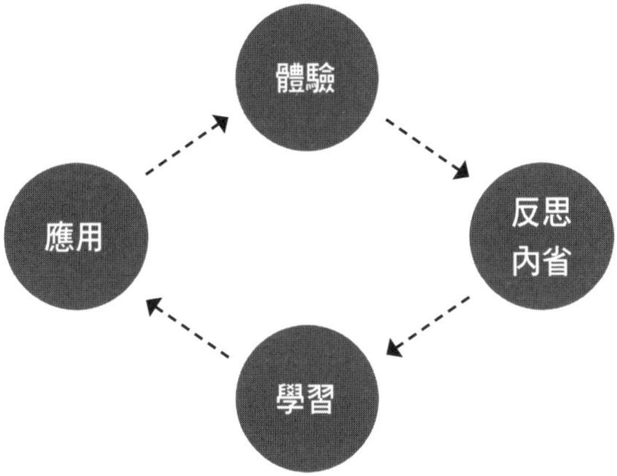

⊙學到之後「馬上」複習

大家應該都聽過「遺忘曲線」吧？這是德國心理學家赫爾曼・艾賓浩斯（Hermann Ebbinghaus）所提出的一套理論，曲線表示的是學習到的資訊是如何隨著時間的經過慢慢被遺忘。

根據艾賓浩斯的研究，剛學習到資訊的當下記憶最鮮明，但隨著時間的經過，很容易就會忘記。

尤其在學習到之後經過二十分鐘，大約有百分之四十二的內容就會被忘記，二十四小時後大約會忘記百分之七十。

不過，這只是一個平均的傾向，遺忘的速度還是會因為個人差異或資訊內容而有所不同。

既然記憶會隨著時間的流逝而漸漸淡忘，那麼就必須盡早進行反思，才能避免反思的效果變差。

很多人都沒有做到從經驗中立即學習，也就是沒有針對行動的結果充分地反思，便隨即進入下一個任務。

這會使得他們經常犯同樣的錯誤，並錯失成長的機會。由於沒有從經驗中獲得學習，他們連最根本的問題都無法解決，因此會不斷面臨相同的問題。

從反思和學習的過程，可以很明顯地看出善於掌握要領的人和做事不得要領的人之間最大的差異。

能不能讓經驗不只是單純的經歷，而將其視成自我成長的機會加以善用，將是決定是否成功的關鍵。

Point

持續自我改進。做事不得要領的人往往無法承認自己需要改進的地方。

3.6 掌握對方需求的「聆聽力」

不論再怎麼努力工作，倘若偏離了顧客或客戶、上司所要求的內容，恐怕難以換來成果。憑自我想法做事，只會讓付出的勞力換來不對等的回報……

⦿一切都從「聆聽」開始

彼得．杜拉克（Peter Drucker）在《為成果而管理》（原書名：*Managing for Results*）一書中寫道：

「瞭解顧客和市場的只有一個人，就是顧客自己。」

這句話的意思是，對方的需求只有他自己最清楚。

有時候會遇到一種人，在開會等場合上只會自顧自地說個不停。

這種人往往會因為錯失瞭解對方需求的機會，於是用自己的解釋方式去做事，導致即便很努力去做，最後還是得不到成果。

之所以得不到成果，不是因為他們努力得不夠，而是因為他們不瞭解對方的需求，所以努力的方向錯了。

想要掌握工作要領，必須先正確瞭解對方的期望或意向。善於掌握要領的人幾乎都是聆聽高手，會仔細聆聽對方說話，並透過精準的提問來掌握對方的需求。

因為如此，所以他們能夠提供適當的解決對策。

以前我不懂聆聽的重要性。

雖然看了很多關於說話技巧和表達技巧的書，但光是那樣還是不夠。

因為那些全都是「單向溝通」。

如今大家很容易把溝通的焦點擺在「表達技巧」上，但是真正重要的應該是「聆聽」。

先從「聽」對方說話開始，接著才是「說」。

這麼一來就不會偏離對方的需求。

這是我在說話技巧的課堂上所領悟的收穫。

◉何謂真正的「聆聽高手」？

話說回來，「聆聽高手」指的到底是什麼意思呢？

答案是，瞭解對方的意圖，並掌握對方的需求。

如果能再進一步針對對方的問題提供解決對策，那就更好了。

只不過，聆聽看似簡單，實際上卻意外地困難。

大家也有這種經驗嗎？有時候想要表達自己想法，卻不小心打斷對方的話。

這麼做不僅會讓對方感到不開心，也會錯失聆聽對方表達意見的機會。如此一來，就更難瞭解對方真正的意圖或心情了。

此外，自顧自地推銷，對聽的人來說，也會覺得很煩，而且也會擔心對方真的會介紹自己需要的商品嗎？

那麼，要怎麼做才能成為聆聽高手呢？

最基本一定要做到的是，除非對方要求，否則基本上「不要談論自己的事情」。

當然，主動敞開心胸對於拉近和對方的距離來說也很重要，但有時候會因為過於緊張而說了不必要的話，或是不知不覺說了太多關於自己的事。既然瞭解對方的需求才是目的，那麼最重要的當然是要先讓對方覺得「這個人會專心聽我說話」。

這麼一來，對方就會願意打開心房，進行更深入的對話。

此外，當對方在說話的時候，記得要表現出認同的態度。

透過看著對方的眼睛適時地做出回應，為對話增添節奏，專心營造一個讓對方更容易開口說話的氛圍。

這會讓對方更容易對你敞開心胸，因為人通常會比較喜歡願意認真聽自己說話或展現認同的人。

當對方說完了之後，可以用「謝謝您，我完全瞭解您的意思了」等方式來回應，讓對方知道你已經確實瞭解他所要傳達的內容。

接著，為了更深入瞭解，可以透過提問來進一步掌握對方的需求。例如：

「為什麼會〇〇呢？」

「當中您最希望哪個部分可以進一步改善？」

假如不太懂對方想要傳達的內容，可以試著用自己的方式來總結對方說的話，例如：

「您是指〇〇的意思嗎？」

這麼一來，如果對方的意思和你所理解的一樣，那就沒問題；如果說的不對，對方也會幫忙修正。

很多人會因為擔心「萬一我說錯了，對方認為我是個聽不懂別人說話的人，該怎麼辦？」而疏於確認。但是，不懂裝懂而沒有進一步做確認，反而才是真正的問題。

因為日後再和對方做整合會造成不必要的麻煩，所以善於掌握要領的人一定會當場就進行確認。

總之，透過磨練聆聽的技巧，能夠更容易和對方建立良好的關係，有任何小疑問或問題也能更容易開口。對方也會比較願意毫無顧慮地說出自己的期望，使雙方建立雙贏的關係。

Point

認真聆聽才能掌握對方的需求。

3.7 藉由「小範圍的認可」來進行確認以推動工作

工作一直被退件，根本沒辦法專注在眼前的工作上！如果是這樣的話，不妨趁著作業初期，提早和上司或客戶進行確認。透過持續地試探，讓工作最後能在不被退件的情況下，一次就成功獲得批准。

⊙你有調整對方對你的「期待值」嗎？

各位是不是也有這種經驗呢？當你交出成果之後，上司或客戶卻說：「好像哪裡怪怪的，我要的不是這樣……能不能再稍微修改一下？」

這種情形就表示，上司或客戶對你的「期待值」出現了偏差。

若是不調整這個期待值，你將會喪失對方對你的信任。

所謂的期待值，指的是對方（上司或客戶）對你的成果所要求的品質。想要工作不被退件、有效率地進行，雙方在事前對於這個品質達成共識（調整期待值）就非常重要。

假使無法達成共識，工作就沒辦法有效率地進行，所有的努力將會白費。如果結果只是像文章一開頭的例子那樣讓對方失望，那倒還好，最糟糕的是影響到上司對你的評價，甚至可能漸漸地不再把工作交付給你。

那麼，要怎麼做才能調整對方的期待值呢？

首先是正確掌握對方的期待值。

必須像上一節所說的，確認自己努力的方向是否符合對方的需求。

最理想的情況，當然是在被交付工作的時候就獲得詳細的明確指令。但實際上有很多都是模糊不清的指令，因為並不是每一個下指令的人都清楚知道自己想要什麼樣的成果。

在指令模糊不清的情況下被要求重做，實在讓人難以接受，但其實有方法可以防止被退件。

那就是，趁著工作剛開始進行的時候，先確認清楚對方對於方向和成果的想像。

就像打拳擊時以刺拳試探對方的方式一樣。

首先，接到工作委託的時候，可以將對方的說明和指示寫下來留存，作為對方的承諾。

接著，在依照指示開始工作之後，於作業初期就要邊做邊確認，例如「請問我用這種方式繼續進行下去可以嗎？」「用這個速度進行下去，沒問題吧？」等。

實際上在進行作業的過程中，經常會產生新的疑問或不安。因此，每一次的確認才能迅速及時調整工作方向。

舉例來說，我在寫書的時候通常會提交樣本書稿給編輯作為參考，以確認內容的方向和文體是否切合預設的目標讀者群。

接下來，當書稿完成大約七、八成的時候，還會再提交一次，請編輯根據書稿給予誠實的意見和回饋。

因為我心目中的一百分，和編輯所認定的一百分是不一樣的。

透過像這樣不斷取得編輯「小範圍的認同」，最後的書稿幾乎都不需要再修改。

大部分的人應該都有這種感覺吧，付出的努力非但得不到回報，而且還得重做，沒有什麼比這更讓人內心受挫而痛苦的……

為了防止這種被退回重做的情形發生，所以我會在作業的過程中不斷進行確認。

高級餐廳都有所謂的「試酒」儀式，當客人點酒的時候，侍酒師會先少量試酒，若不符合客人的喜好，就會馬上更換其他支酒。

這種方法用在工作上也很有效。

⦿ 透過報告進度讓對方放心

另外還有一點也很重要的是，考量到上司或客戶的忙碌，最好在適當的時機主動向對方報告進度。因為你的詳細報告，可以幫助對方更具體地思考下一個階段的指示。

同時也會讓對方感到放心。

舉例來說，身為上司或是業主，通常會很擔心新人或第一次合作的供應商是否能確實依照委託去進行工作。

但是，又怕自己一直詢問進度會給對方緊迫盯人的感覺，尤其如果對方不是部屬，而是工作夥伴時，會更不好意思開口。

這時候，如果對方能適時地主動報告進度，會讓人放心許多。

工作若能順利進行，便能和業主建立起彼此合作愉快、下次還願意再繼續合作的信任關係。

然而，並不是每一次都有充裕的時間讓你達到對方要求的品質。有時候比起品質，對方更在意的是速度。

例如，仔細地製作資料有時候只是在自我滿足，而非正確的做法。

每個人對「仔細」的定義不同，做到什麼程度才算仔細，通常是由上司或客戶來決定。

因此，隨時針對品質和進度進行詳細確認非常最重要，例如可以詢問對方：「我在今天之內可以完成這樣的品質，請問這樣可以嗎？」

透過這種在初期階段確認工作方向，並在作業過程中確認進度狀況的做法，至少可以避免付出的努力變成白費。

我再重申一遍，工作要贏得信任，最重要的是必須正確掌握對方的期待或要求。

只有委託者才會知道最終想要的成果是什麼，受委託者自己的想法不一定符合對方的期待。不過，若是能做出超乎對方期待值的成果，當然就能贏得對方的信任和肯定。

Point

善於掌握要領的人會不斷透過確認取得小範圍的認可。

第4章

不煩瑣的「人際關係」的心得

4.1 對他人不抱期待，就不會受他人影響

最讓人頭痛、耗費大量精力的，無疑就是「人際關係」的整理了。雖然沒有比人際關係更麻煩的事，但少了夥伴或朋友，無論是工作或是生活，都會變得不再充實，這也是事實。善於掌握要領的人重視的都是什麼樣的人際關係呢？

⊙「要求回報的心理」背後的真相

我們的工作和生活都是建立在和許多人的往來之上，所以會遇到開心的事，也有不少讓人難過的事。

當然也有感到憤怒或失望的時候。
這些情緒大部分都源自於「對他人的期待」。

「部屬沒有按照我要的方式去做事。」
「我做了這麼多，卻沒有得到回報。」
對於自己付出的對象，我們通常會期待得到相對的回報。
正因為沒有得到回報，所以才會產生憤怒或失望等情緒。

這種期待獲得回報的心態，本質上其實是自己的「滿足感」。
「想透過部屬按照自己要的方式去做事，來覺得自己很有能力。」
「想藉著對方的一句謝謝，來感受到自己對他人有所幫助。」
也就是說，這些行為並不是為了對方。
因此，一旦沒有獲得感謝或回報，就會被懊惱或憤怒等負面情緒所困擾。
「要求回報的心態」是很正常的心理現象。

只不過，這種心情若是過於強烈，就會開始用「利害」來衡量人際關係。因此，對他人抱有過度期待，也是需要慎重思考的問題。

⦿「因為喜歡才去做」是最好的

想要不受他人反應所影響，就必須將「自己的行動」和「他人如何接受其行動」分開來思考。

自己為他人所付出的行動，本身就具有意義，是很棒的行為。但是，該行動會對他人產生何種影響，那又是另外一回事。

搞笑藝人明石家秋刀魚曾說過以下這番話：

「單純因為喜歡才去做，這樣是最好的。如果認為做了會有回報，那就不好了，因為會覺得自己那麼努力，最後卻什麼都沒有，當然會生氣。人一旦要求回報，通常不會有好結果。不求回報的人才是最棒的。」

這段話蘊含著深刻的真理。

抱著「單純因為喜歡才去做」的心態，就不會被對方的反應牽著鼻子走。

這種思維常見於善於掌握要領的人身上。

他們在人際關係上，通常不會很注重自己的行動是否能得到回報。他們會依循自己的心意，做自己認為對的事情，因此看起來一副毫不在意的樣子。

正因如此，所以後來才會獲得肯定和成功，因為他們對他人所付出的行為都是出於真誠，沒有任何虛假。

失望是因為有所期待。

只要能夠客觀看待這個事實，即使稍微產生負面的情緒，也能用比以前更平靜的心情去對待他人。

Point

善於掌握要領的人不會要求他人的回報。

4.2 「情感上的正確」比「邏輯上的正確」更重要

要把一群人集合起來進行專案，一起完成某些事情，真的非常困難。即便如此，還是有人可以「光靠一句話」就讓所有人動起來。這類型的人平常都是怎麼維護人際關係的呢？

⊙道理無法促使人採取行動

善於掌握要領的人，通常都很擅長讓身邊的人一起動起來。

就算是獨自一人無法達成的目標，只要善用他人的力量，就能成功達成。

但是為什麼大家會願意幫助他們呢？

那是因為他們十分瞭解人心的細微變化，能夠根據這些變化做出適當的反應。換言之，他們因為瞭解人際動力學的原理，所以才有辦法促使人採取行動。

光靠邏輯上的說服，是無法說動他人的。

其中尤其重要的是，「人是無法光靠道理就被說動的」。

因為人類是感情的動物。

當邏輯和感情相互抵觸時，大多數情況都是感情獲勝。人類不是機器人，不可能永遠依照邏輯來做選擇。就算在理智上理解，但只要在情感上無法接受，就不可能採取行動。

很多事情雖然在邏輯上是對的，但是卻讓人感覺「在情感上不正確」。

因此，善於掌握要領的人通常不會強調道理。

⊙尊重「對方所認定的正確」

有些人常會質問對方：「你為什麼要這麼做？這不是很奇怪嗎？」但是，這種事就算問清楚了，對誰都沒有好處。這麼做可能會被認為是「邏輯騷擾」，也就是利用邏輯來強迫對方回答。對於被質問的人來說，也許會覺得「這個人根本完全不瞭解我的心情，甚至連問都不想問」，因而產生反抗的情緒。

過去我也曾經有一段時間十分堅持正確的事情，甚至會將自己的意見強加於他人。

可是如今再回頭看，那時候我根本完全沒有能力帶領他人。

要真正使人採取行動，必須要先理解「對方所認定的正確」。

想要做到這一點，不能只是單方面地傳達自己的想法，必須要傾聽對方的意見才行。例如用「我是這麼想的，那你呢？」的方式來詢問對方意見，這也是一種方法。

這種時候，對方的意見是否正確一點都不重要。

就算不正確，也要表現出認同的態度，例如「我明白你的想法了」，或是重複對方說的話也行。

重點在於，要讓對方覺得「我可以跟這個人說出自己的想法也沒關係」，以建

立彼此之間的信任關係。

人對於願意傾聽自己並展現興趣的人，通常都會產生好感。

這是理所當然的，因此，不能只是在想跟對方傳達自己的想法時才這麼說話，必須從平時就積極地想辦法增加彼此溝通的機會。

如果突然詢問對方的意見，當你想聽真話的時候，沒有人會願意說真話，或者當你真心想要尋求協助時，也沒有人會願意提供建言。

透過試圖去理解對方的想法或情感，你將會看見光憑「正確」無法看見的景色。

尊重對方的立場和所認定的正確，從平時就開始努力建立信任關係，藉此和夥伴一起攜手達成目標吧。

Point

就算覺得不正確，也試著接受一次對方的意見吧。

4.3 你知道「迅速道歉」的價值嗎？

擁有不同價值觀的人們集合在一起行動，過程中當然會產生誤解、誤會或是過錯。這種時候如果能坦然地道歉，人際關係將會更融洽。

⊙ 善於掌握要領的人不會拘泥於無謂的自尊

善於掌握要領的人只要自己有錯，一定會在第一時間立刻道歉。因為在發現過錯的當下迅速道歉，可以讓問題在第一時間就獲得平息。

不僅如此，他們道歉的方式也很聰明，不會說任何藉口。**因為他們知道，如果把問題怪罪於他人或其他原因，只會讓自己在他人心目中的評價瞬間降低。**

所以，他們不會做多餘的辯解，而是針對「自己那時候能做什麼、應該怎麼做」來表達自己的反省。

透過這種方式，就能保持自己在他人心目中的好印象。

然而，有些人卻認為「道歉就輸了」，無論如何也無法低頭道歉。

拖延不想道歉會讓問題變得更複雜、更難解決，更不用說還會對人際關係帶來負面影響。

因此，鼓起勇氣承認過失、適時地道歉，可以說是在商場上非常重要的技巧之一。

當然，應該沒有人喜歡道歉。也有人道歉完之後，隨即擺出一副盛氣凌人的傲慢態度。

雖然讓人看了很生氣，不過善於掌握要領的人並不會拘泥於無謂的自尊。他們很清楚比起自己的自尊，更重要的是給對方面子。

因此，無論如何都不願意道歉的人，不妨可以換個想法，當作是「給對方一個面子」。

⊙道歉也許能成為建立信任關係的機會

沒有人喜歡道歉，但是善於掌握要領的人會改變想法。

他們不會把道歉看作是羞恥或失敗，而是將其視為重新建立信任、強化雙方關係的手段。

他們會從過失中學習，並從中摸索將經驗應用到下一次的方法。透過這種方式，給人留下一種無論是身為個人或是專業人士都能持續成長的印象。

道歉不僅是承認過錯的行為，更能衡量出一個人的胸襟。它所展現的是隨時在思考自己該如何改進才能獲得成長的態度，同時也傳達出為了解決問題而採取有建設性的行動的決心。

實際上，一旦將過錯歸咎於他人或環境，自己便會停止思考，錯失成長的機會。但是，如果能夠把發生的事情當成自己的責任去承擔，心情會意外地輕鬆許多。

事實上，成功的人都會透過道歉來展現自己的誠實和責任感，與對方建立信任關係。

道歉不單純只是承認過錯的行為，更是向對方表示尊重，並且展現解決問題、向前邁進的決心的行為。

Point

透過道歉來為自己創造機會吧。

4.4 「無能為力的事情」就放棄吧

有時候難免會遇到像是其他部門不願意幫忙，或是小孩不聽話等類似的情況。這種在人際關係上「不如意的事」，很容易會讓人生氣。但是，其實只要換個想法，心情就會輕鬆許多。

⊙專注在「自己能做到的事情」上

生活中會遇到各種事情，如果都是正面的當然最好，但現實並沒有那麼簡單。例如，有時候會遇到意想不到的問題，或是計畫進行得不順利等。這些意料之外的事情經常會引發壓力或是憤怒，擾亂內心的平靜。

無論我們多麼想避開這種事情，現實並不會那麼順利。

然而，善於掌握要領的人卻能夠不受外在事件的影響。這並非他們的心理素質強大，而是看待事物的方法不同罷了。

即便期待已久的運動會就快到了，但遺憾的是，我們並不能控制天氣。

或者，我們無法確定他人是否在說真心話，也不可能控制他人的言論。就算嘗試去做，也只是白費力氣。

對於大自然或是他人的內心等我們無法控制的事物，放下並且接受，才是聰明的做法。

一個人的態度和言行、日常習慣、遣詞用字等，是可以隨著意識而改變的。

我們雖然可以透過自己的行為來影響他人，卻無法控制他人，而且對方也不會願意受人控制。

舉例來說，我們可以為自己支持的隊伍加油，可是無法操控實際的比賽結果，或是選手的心情。

不過重要的是，我們應該專注在自己能做到的事情上，並以積極的方式來運用自己的影響力。

我在高中的時候讀了史蒂芬・柯維博士（Stephen Covey）所寫的《與成功有約》（原書名：*The 7 Habits of Highly Effective People*）。

很多人應該都看過這本書吧。

我從書中學到很重要的教訓之一是，人生中存在著「可控制的事情」和「不可控制的事情」。

在那之前，我經常會因為不懂「為什麼會發生這種事」而感到壓力，也常因為想著「假如那個人肯多幫一點忙，結果會更好」而焦躁不已。

不過，在看完這本書之後，我學到應該將自己的精力專注於可控制的事情，不該被他人或外在情況所束縛。

柯維博士認為，態度和行動都是自己可控制的，而且會直接影響我們的經歷和成果。

這本書讓我意識到，接受「他人的行為和外在環境是無法控制的事」，在自己能控制的範圍內盡最大的努力，才是擁抱有成效的人生的關鍵。

⦿把「自己和對方的問題」分開來思考

「那個人為什麼做起事來那麼沒有幹勁呢？」「為什麼會不懂呢？」工作有時難免會有這種感覺。

可是就算抱怨這些，也改變不了什麼。因為他人而感到焦躁，只是在浪費自己的時間，給自己徒增壓力而已，不會帶來任何有建設性的結果。

與其如此，更重要的應該是制定團隊規則，或是想辦法讓大家朝著相同的目標前進，或是整頓環境。

想要提升團隊，必須先思考自己能做什麼，並持續採取主動的行動。

會煩惱無法控制的事情是很自然的，但真正重要的應該是聚焦在「自己能做什麼」。

無法控制的事情就早早放下吧。

舉例來說，就算你想培養某個人成為領導者，但如果對方沒有意願，你也不可能操控他的意志。

那是對方資質的問題，不是你的責任。

你必須把自己的問題和對方的問題分開來思考。

自己能控制的事情也許意外地少，不過，把精力專注在這些有限的範圍內，是最有效的做法。

花時間在無法改變的事情上只是白費力氣，付出的努力不會得到任何回報。

專注在自己能做的事情上，並採取行動，也許會讓情況出現變化，也許不會。

結果雖然不是我們能夠控制的，但是我們能從中獲得許多學習。

想要擁有更好的人生，就從清楚分辨「靠自己的努力能做到的事情」和「無法做到的事情」開始做起吧。

Point

你無法控制他人，既然如此，就專注在自己能做到的事情吧。

4.5 針對不會改變的人的行為的「改變方法」

不管提醒幾次，還是會犯錯；工作總是拖到最後一刻才開始動手……光是被點出問題，人是不會改變的。不過，這一點每個人都一樣，包括自己。與其勉強動之以情去行動，不如重新調整「方法」，讓對方和自己都主動動起來。

⊙光是靠「提醒」，人是不會改變的

既然是人，就免不了會犯錯。

而且，在工作上也免不了會發生過錯或是問題。無論再怎麼謹慎小心，有時候還是會在意想不到的地方犯錯。

即使是目前順利進行的專案，說不定也會在什麼時候出包。就算自己沒有錯，也可能被捲入某些問題中，結果給身邊的人帶來麻煩也說不定。

像這種時候，有些主管會斥責部屬「不准失敗」，或是「以後不要再犯了」。但遺憾的是，這麼做並無法確保絕對不會再發生失敗或問題，因為對方即使知道不能再犯，行為還是不會有任何改變。

這種情形不僅會發生在工作上，育兒也是一樣。

「你看你又來了！」「為什麼每次都要我說同樣的話你才會懂！」這種忍不住想罵小孩的心情，我完全能夠理解。

父母都很忙。但光是這樣說，小孩是不會改變的。

無論是在工作上還是育兒，如果想要改變這種情況，光是責罵是沒有意義的，必須要重新調整「方法」。

舉例來說，要求小孩一回到家馬上洗手，但小孩還是沒有做到。

如果是這樣的話，可以試著製作集章卡，或是把洗手乳的罐子換成小孩喜歡的包裝等等，應該能想到諸如此類的方法。

以我自己的例子來說，小孩不想寫暑假作業的時候，我會把作業全部細分成能夠在三十分鐘內完成的任務，並在每張便利貼上一一寫上日期，包括自由研究的作業在內，全部都是。

接著把便利貼貼在畫紙上，做成明顯的「任務清單」，然後敦促小孩先從簡單的任務開始去做。

任務完成之後，就將便利貼貼到「完成任務清單」的畫紙上。這麼一來，完成愈多，「任務清單」上的便利貼就會愈少，「完成任務清單」上的便利貼會愈來愈多。

漸漸地，孩子們開始會覺得看著「完成任務清單」上的便利貼愈來愈多很有趣。透過把一一解決作業的感覺具體化，即使作業本身並不有趣，但這種一一解決的感覺變得更有趣了。

換言之，不是把不想做的事情變有趣，而是把動機變成享受完成任務的感覺。

雖然知道有些事情「應該要做」或是「必須要做」，但麻煩的事情終究還是麻煩。

這種感覺大人小孩都一樣。

既然如此，試著找出變有趣的方法，也是一種方法。

善於掌握要領的人會試圖運用方法來讓自己或團隊動起來。

當然，一開始不一定會順利。最好的方式是透過反覆地嘗試錯誤，從中找到最適合自己或組織的「方法」。

若是發生問題，或是工作效率不好，就表示「方法」本身還有改進的空間。

所以，包括自己的事情在內，如果覺得團隊或是公司進展得不順利，不妨先回過頭來檢視現有的方法，想辦法加以改善。

Point

要改變的是方法，不是人。

第5章

專注於兩成任務，並迅速處理其餘八成的「工作技巧」

5.1 透過「再循環」減少不必要的努力

善於掌握要領的人不會在毫無規劃的情況下，就著手開始進行眼前的工作或是活動。他們通常會先思考「是否有可再循環（再利用）的資源能利用」。這一節就讓我們來看看他們迅速處理「八成的工作」的方法吧。

⊙從「追求完美的性格」中醒來的魔法話語

善於掌握要領的人通常都很重視工作效率。

對他們而言，工作本身只是手段，而非目的。

說得極端一點，最好可以用最少的努力創造出最大的成果。

這種思維會讓自己專注於減少浪費，以有效率的方式達成目標。不是每件事情都盲目地去做，該省略的部分就應該省略。這並非單純只是為了想要輕鬆而偷懶。要在關鍵時刻充分發揮能力，就不能把精力浪費在不重要的地方。善於掌握要領的人都能巧妙拿捏「該投入的事情」和「該放鬆的事情」之間的平衡。

就以製作資料來說好了。定期舉辦的例行會議所需要的會議資料之類的東西，只要過去的資料還留著，就能用來作為基礎進行更新或修改，省下不必要的麻煩。重點在於只需要修改必要的部分，使作業能有效率地進行。這麼一來，比起每次都從零開始做起，這種方式可以用更少的時間和精力來完成作業。

我經常要出席演講活動或是在大學講課，每一次都得準備上台的資料。由於沒有一定的做法，所以我總是一不小心就過於投入，猶豫著「那樣做說不定比較好」、「這樣做好像比較容易理解」等。可是，後來我發現這麼做會花太多時間。

對事情過於專注而追求完美的人，很容易被無論怎麼想都沒有標準答案的工作給卡住，或是整個人栽進愈琢磨完成度愈高的工作中。

如果是自己認為「該投入的事情」倒還好，但如果不是，一旦因此影響到其他工作，就必須思考：

「如果不這麼做，這項工作真的就無法進行下去嗎？」

假如是這樣的話，可以換個方式思考，例如「上一次的演講用這份資料效果還不錯，不必特地再修改了」。

如果什麼都不做也沒關係，那就什麼都不要做。

在此之前，先自己設立好界限。

這麼一來，就能把時間用在真正應該花時間去做的事情上。

⦿ 充分善用「模式」和「範本」

無論是模式化還是範本化，對提升效率來說都是很有用的方法。只要先做好有效的格式，之後就只需要更新內容，能大幅減少製作資料所需要的時間和精力。

像這樣把既有的資源做最大的利用的做法，不僅能用在製作資料上，對許多工作來說也是很有效的方法。

工作上的書信往來常會用到特定的句型或是措辭，將這些變成模式化，做更有效率的運用，是非常有效的做法。

無論是日文或是英文，把問候語、結尾語和常用的表現儲存成範本，便能大幅縮短寫信的時間。

可以把常用句型登錄到用戶字典的應用程式，對於經常使用固定句型的場合來說，是非常便利的工具。

只要輸入第一個字，馬上就會顯示符合該條件的句型供選擇，不僅能節省時間，還能減輕打字帶來的疲勞。

英文書信也是一樣，把一般常用的句型，例如"Thank you for your email,"、"Looking forward to your reply,"等事先登錄好，在使用上效率會更好。這麼一來，即使是英文，也能迅速且正確地做出回應。

像這樣事先準備好固定、常用的東西，以便在需要的時候迅速取用，對於忙碌的工作環境來說特別有意義。

藉由善用有效率的軟體或是方法，不僅能提升工作的生產力，還能確保有時間能專注於更重要的任務。

重要的不是做工作，而是創造價值。所以先從減少工作開始努力做起吧。

Point

先找找看有沒有能對現在的工作派上用場的資源。

5.2 提不起勁時的「兩種心理破解術」

不管做什麼都提不起勁。大家應該都有遇過這種日子吧，即使是這種時候，也有方法可以讓自己交出成果來，那就是「作業興奮」和「目標漸進效應」。

⦿幹勁會跟隨在行動之後出現

早上應該先做困難的工作？還是先從簡單的開始做起呢？大家對於工作的進行方式都有各自不同的意見。

善於掌握要領的人通常會視「自己的狀態」來選擇適合的方法進行。

人是動物，最大的資本就是身體狀態和心理狀態。狀態好的時候，無論是身體還是心情都會比較輕鬆，做任何事情也會比較積極。可惜的是，人不會永遠都處於好的狀態。

早上起床之後如果感覺精神很好、活力充沛，就會積極地想做一些困難的任務，而且完成之後也會因此產生動力繼續進行下一項任務。

相反的，如果前一天發生不愉快的事情或是太累，有時候隔天一早醒來會覺得「什麼事都不想做」。

在狀態不好的日子，如果一早就要進行重要工作，會造成心理負擔太大，導致最後工作可能完全沒有進展。

但是，愈是在提不起勁的時候，透過採取一些小行動，有時候反而會因此產生動力。

舉例來說，心情好的時候，就算再忙也有動力上健身房。但如果心情不好，就連出門都會覺得麻煩。

這種時候要做的不是強迫自己上健身房，應該先製造理由讓自己踏出家門。總之只要先出門，上健身房的心理障礙自然會跟著變小。

這種現象在心理學上稱為「作業興奮」，意思是透過完成一些心理障礙較低的事情，讓動力隨之產生。

「作業興奮」是由心理學家埃米爾．克雷佩林（Emil Kraepelin）所提出，根據這種心理現象，人一旦開始進行某項作業，動力就會隨之而來，讓作業進行變得更順利。

常有人會說「提不起勁做事」，但事實上，幹勁是採取行動之後才會產生的東西。

也就是說，並不是「有了幹勁再行動」，應該是「採取行動之後才會有幹勁」。

⦿逐漸提高難度的「目標漸進效應」

我自己在生活中也經常會運用到「作業興奮」的原理。

例如在大學講課會收到五十份學生交來的英文專題報告，得一一批閱修改再發還給學生。這是非常可觀的工作量。

就算一份報告花十分鐘批改，五十份就是五百分鐘，足足超過八個小時。這龐大的工作量讓人光是用想的就頭暈了。

不過，如果先快速地全部看過一遍，從不太需要批改，也就是能最快改完的報告開始著手，就能慢慢地找到動力，讓批改作業變得更順利。

除了「作業興奮」之外，我也常運用到「目標漸進效應」。

根據心理學家克拉克·赫爾（Clark L. Hull）的研究顯示，隨著愈接近目標，行動的速度會愈快，效率愈好。在實驗中，咖啡店若是發放集點卡，當點數愈來愈接近目標，顧客來店消費的頻率也會隨之增加。

我在批改報告的時候也會運用這種心理，將批改完的報告統一放在「已完成」的文件夾，讓進度變得清楚可見，強化愈來愈接近目標的真實感。

從最不需要批改的報告開始改起，藉此在短時間內改完大量報告，就會產生工作進展快速的感覺。

運用「作業興奮」和「目標漸進效應」的原理，可以更有效率地執行任務。先做輕鬆簡單的工作來激發動力，接下來就算是困難的工作，也會有動力去執行。

不僅如此，獲得成就感之後，幹勁也會隨之而來。

像這樣透過從小任務開始執行來引發「作業興奮」，並利用愈接近目標、動力愈高的「目標漸進效應」，再大的任務也能有效率地完成。

提不起勁或是工作量太大的時候，務必要先從輕鬆簡單的部分開始做起。做了之後，動力自然會隨之而來。

Point

先從小工作開始慢慢提高難度。

5.3 調整狀態，提升大腦至最佳狀態的方法

工作常會遇到一種情況是，一下子這邊來電，一下子那邊來信，讓人無法專注在眼前的工作上。這是造成大腦生產力下降的最大敵人。那麼，要怎麼做才能避開這強大的敵人呢？

⊙保留「工作記憶」

現在社群媒體、商務聊天室等聯絡工具愈來愈多，隨著輕鬆聊天的機會變多，回應的節奏變快，不得不做出回應的情況也增加了。

這也造成很多人的困擾，因為每一次的回應都會打斷工作的進行，讓人無法專

心在工作上。再加上人力不足，導致不得不做的工作無止境地不斷增加。

「這個也得做，那個也得做」，現代人的大腦完全沒有喘息的時間。

隨時都是處於慌亂的狀態。

這會導致大腦的表現下降。

因為大腦的工作記憶承受了太多的負擔。

工作記憶又被稱為「大腦筆記本」，負責暫時保管重要資訊（短期記憶）。工作記憶一旦超載，大腦的資源就會被短暫記憶所佔據，導致無法專心思考或執行任務。

這就像電腦或手機如果同時開啟太多應用程式，處理速度就會變慢，動作變遲鈍。

在這種情況下，大腦就沒有多餘的能力來執行非做不可的事情。

結果導致不管什麼事都做不好，生產力因此下降。

就像打資料的時候想到還有其他工作，於是轉而去做別的事情，到最後一整天下來，感覺什麼事都沒做好，效率很差。很多人應該都有這種經驗吧。

如果不保留工作記憶，效率就會變差。但是像現在這種資訊氾濫、隨時都會被打斷的時代，我們到底該怎麼辨呢？

⦿利用「待辦清單」為大腦保留空間

善於掌握要領的人會盡可能地「清空」大腦，以減輕大腦的負擔。也就是為必須專心的工作保留「大腦空間」，使大腦有餘裕可以集中精力在重要的事情上，並且有效率地去執行。

具體來說該怎麼做呢？

我自己的方法是利用「待辦清單」。我隨身都會帶著紙筆，當要做的事情變多，或是突然想到有重要的事情要做時，就會拿出紙筆寫下來。**因為寫下來之後就能「忘掉它」。**透過寫下來，大腦不必一直記著「有事情要做！」，可以專心應付手邊的工作。

等到手邊的工作結束，看到待辦清單，自然會想起要做的事情。

大家也試著把想到的事情全寫下來吧。用不完整的句子或畫圖都可以，像隨手記錄一樣把想到的事情記下來，大腦會變得比較清楚而且有條理。透過像這樣把感受到的事情或想到的事情記錄下來，可以幫助自己用客觀的角度檢視自我想法，有助於釐清混亂的大腦。

不僅如此，甚至還能從中獲得新的靈感或想法。

這也許只是附帶效果，但隨著寫下來的事情一一完成，心情會非常愉快。由於可以客觀地審視自己今天完成了哪些任務，所以能獲得滿滿的成就感和自信。

透過這種方法，不僅能正確評估自己的努力和成果，也能為自己帶來更多動力。

Point　利用「待辦清單」來節省工作記憶的空間吧。

5.4 「過濾」不必要的資訊

智慧型手機是相當便利的工具，但另一方面，它也奪走了我們的專注力，甚至可以說是造成生產力下降的「時間小偷」。若是不想被智慧型手機綁架，我們能怎麼做呢？

⊙干擾專注的智慧型手機

有個說法叫做「進入Zone的狀態」。

所謂的「Zone」，指的是全神貫注在一件事情上，專注到幾乎忘了周遭環境或時間流逝的狀態。這是運動圈很常聽到的一種說法，很多人應該都知道。

在這種專注的狀態下，人可以把自己的能力發揮到極致，展現高度生產力或創造力。善於掌握要領的人會努力營造專注力不受干擾的環境，好讓自己進入這種狀態。

會妨礙這種專注力的最大敵人，就是智慧型手機。

智慧型手機是相當便利的工具，可以輕鬆收發工作上的電子郵件，或是瀏覽社群媒體，非常適合用來打發時間。**但是，同時它也可能成為奪走時間的「時間小偷」**。

有時候正準備要開始專心做事，手機就傳來訊息通知，像是「〇〇〇回應了您分享的近況」或是「您有新訊息」等。

因為太在意，於是不由自主地拿起手機查看。

結果等到回過神來，已經開始看起不相關的內容，甚至對他人的貼文留言。新聞應用程式傳來的快報或推薦新聞也是一樣，只要一開啟應用程式，資訊就會無止境地不斷出現。

有時候等到察覺時已經過了許久，工作完全沒有進展，這才懊悔自己又犯了同樣的錯誤。

手機的因應對策之一，就是事先關閉通知。

我平常會把LINE當成聯絡工作的工具使用，所以無法完全關閉LINE的訊息通知。

但是，我只會開啟重要聯絡人的訊息通知，其餘的全部設定成關閉。尤其無關緊要的群組訊息通知，我通常會永遠關閉。

在心理學上一般認為，專注狀態如果被打斷，大腦必須花十五分鐘以上才能重新回到專注的狀態。

這會嚴重影響作業的進行，所以在寫稿或是製作資料的時候，我通常會關閉手機鈴聲，並且把手機放到視線之外的地方。

因為一旦手機鈴聲一響，就會忍不住想知道是什麼事而導致無法專心。

善於掌握要領的人會用嚴謹的態度看待自己的時間，並隨時掌控著時間的主導權。

如果經常因為手機的訊息通知而受到影響，無論是「該做的事」或「想做的事」，都將無法完成。因此，務必要將訊息通知全部關閉，只保留必要的部分，這一點非常重要。

除了這個方法以外，也可以在設定好的時間再查看手機。透過每隔一段時間再查看手機，可以讓自己在除此之外的時間更專注於作業。

如果即使如此還是會被手機奪走專注力，把手機擺在工作區域以外的地方也是個不錯的做法。

像是收到包包裡，或是放在其他房間等，應該可以想得到很多方法。

是要讓自己被手機控制呢？還是聰明地使用手機？對於會影響專注力的東西，還是要仔細想好對策才行。

Point

不要誤判了和手機之間的距離感。

5.5 擅長料理的人都善於「一心多用」？

大部分的上班族都是好幾個專案同時進行，一心多用已經是常態。如果想要有效率地處理大量的工作，該怎麼做呢？接下來就讓我用下廚的例子來說明吧。

⊙ 趁著把工作交給對方的時候做其他工作

雖然有點冒昧，不過請問大家會下廚嗎？擅長嗎？

如果不會的話很抱歉，不過請跟我一起想像煮義大利麵的過程。

先清洗蔬菜等食材，切好之後炒成醬汁。接著在鍋裡加水煮至沸騰，然後放入鹽巴和義大利麵條……料理過程是這樣嗎？

不，我想應該不會這麼做。這麼做太沒效率了。

首先，在鍋子裡倒入清水，開火加熱。趁著等待水沸騰的時間，把醬汁需要用到的蔬菜和食材洗好、切好，開始煮醬汁。

等到水沸騰之後，先暫時關掉煮醬汁的火。將義大利麵條放入沸騰的水中，趁著煮麵條的時間繼續煮醬汁。

等到麵條煮好，醬汁也完成之後，把醬汁淋在義大利麵上。這時候再視需要調味，或是做最後的加工。

像這樣即便只是一道料理，也需要同時進行好幾項作業，因此有效的時間管理和步驟安排就格外重要。如果想要好幾道料理同時上桌，可以想見作業流程肯定會更加複雜。

善於掌握要領的人無論是下廚還是工作，都能巧妙地一心多用。

特別是工作，幾乎都不是一個人能夠獨力完成的事。

就像利用燙麵條的時間來煮醬汁一樣，把工作交給其他人的時候，自己可以趁機專心處理其他工作，中途再針對交付出去的工作確認進度狀況，視情況進行微調整。

⊙工作必須讓對方容易接手

有一點很重要的是，請求他人幫忙一定要趁早。

鍋子也許要用的時候隨時都能用，但如果要把工作交給他人去做，對方也必須跟你要有同樣的計畫或進度安排才行。

有些人會等到自己快來不及處理了，才把工作交託給他人。這麼做就像是把快爆炸的炸彈硬塞到別人手中一樣。

對方也有自己的工作要處理。在建立商業合作關係的時候，一定要有這樣的認知才行。

盡早把工作交出去，對方才有充分的時間按照該作業的進度去進行。這時候的重點在於，必須考慮對方什麼時候或情況最適合進行自己請求的工作，在最適當的時機把資訊或任務交出去。

做事不得要領的人往往只考慮到自己的方便，就把工作交付給他人。若是對方做出不如預期的回應或不願幫忙，自己就會因此感到焦躁。

在足球等團體運動中也是一樣，厲害的選手在傳球的時候，通常會選在隊友最好接球的時機。

相反的，技術不好的選手在自己被對手包圍、無法突破的時候，會在沒有確認隊友狀況的情況下，就把球傳給對方。

哪一種做法能夠為團隊帶來得分機會，答案一目瞭然。

如果不會傳好球給隊友，當你自己想要球的時候，也沒有人會傳球給你。

在對方最方便進行工作的時候提供適當的資訊或任務，這對有效的團隊合作與專案的成功來說，是相當重要的因素。所以，為了讓對方更方便將你請求的事情安排到時間表中，記得要提早提出請求。

Point

請求幫忙的時候，別忘了考慮到對方的方便。

5.6 避免部屬拖延工作的「交付工作的方法」

在職場上總有那麼一個部屬，會在工作快到期限的時候，才報告自己連一半都沒做完。到底該怎麼做才能讓部屬有充分的時間做事呢？

⊙ 提早設定「中途報告」的時間

身為經營者或管理職的人，必須要克服「不放心把工作交付給部屬」的問題。如果一直不把工作交給部屬去做，會讓部屬沒有機會成長，導致組織的成長也連帶受到影響。

透過把工作分配給部屬，能讓部屬累積必要的技術和經驗，以達到自我成長。

這也會促進團隊整體的成長，創造出遠比管理職獨自完成還要豐碩的成果。

可是，就算明白這個重要性，執行起來卻是相當困難。

具體來說，交付工作到底該怎麼做呢？

首先很重要的是，在交付工作的時候，必須向部屬說明該工作的意義和目的。即使只是單純的影印資料，背後也有其目的存在。

透過傳達目的，例如「這是我跟客戶開會要用的資料」，部屬就會知道不能印歪或是印錯。

如果只是公司內部存檔用的資料，也許就不必那麼小心翼翼。

因此，站在上司的立場，記得向部屬說明清楚所交付的工作背後的意義和重要性，以及和其他工作的關聯性。

不過，即使做到這種地步了，還是會有部屬把工作拖到最後一刻才哭喪著臉說做不完。很多人也許都對這種部屬沒輒，但其實對付這種部屬最有效的方法，就是提早設定中途報告的期限。

即便寬延了一個星期的時間，也可以先設定好三天後提交中途報告。因為一般人通常都會拖到接近期限才開始動起來。

最理想的情況當然是部屬主動定期報告進度，但如果只是等部屬主動報告，難免會擔心工作狀況。

這麼一來就無法專注在自己眼前的工作。

既然如此，不妨就在三天後安排一次中途報告的機會吧。

透過提早設定好中途報告的時間，假設部屬做得不夠好，還能早一步給予修正方向的建議。只要在這時候修正方向，就來得及在最後期限內完成，對交付工作的上司來說也會比較輕鬆。

另一點要注意的是，必須告知部屬你的標準。

這一點和傳達工作的目的和意義也有關係，最好清楚告知你對完成度的要求。

就算只是製作資料，你要的是一百分的完成品？還是六十分左右的完成度，最後再由你自己來完成？

隨著你的要求不同，部屬對該任務的心態也會不一樣。假設上司要求的是滿分的完成品，那麼比起迅速完成，應該要更小心謹慎。如果只要六十分就好，那麼講求速度應該會更容易進行。

告知標準能讓部屬更容易自我評估距離目標已經做到何種程度。

不僅如此，這也有助於中途報告時判斷需要修正的程度。

當然，最好也要清楚掌握部屬的狀況，並透過溝通來調整出最適合雙方需求的期限。

分配工作給部屬，乍看之下也許讓人不放心，但是這對組織的成長來說是非常重要、不可或缺的過程。

Point

在交付工作之後的幾天內安排一次中途報告。

5.7 最容易創造成果的「關鍵時刻」的辨別方法

無論是工作上還是生活中，都有應該採取行動的「關鍵時刻」。善於掌握要領的人絕對不會錯失這個時機。那麼，這個關鍵時刻是「何時」呢？怎麼做才能抓住最容易創造成果的「大好機會」呢？

⊙抓緊「情緒高漲的瞬間」

大家應該聽過一句成語叫做「打鐵趁熱」。

意思是「機會來臨時應該立刻採取行動，別讓機會白白溜走」。這個說法源自於鑄鐵師將鐵料加熱軟化的時候，就是最容易塑型的時候。

善於掌握要領的人絕對不會錯失這個「鐵料加熱的瞬間」。

雖然這麼說，但所謂鐵料加熱的瞬間，指的究竟是什麼時候呢？

答案就是「情緒高漲的時候」。

舉例來說，在談生意的時候，善於掌握要領的人一旦獲得對方的正面反應，馬上會抓緊機會來促成交易。

這種做法不僅適用於「促使他人採取行動」，「促使自己採取行動」也一樣適用。

例如，在準備進行新專案或是決定要減肥或念書的時候，大部分的人都會說「從明天開始我要～」。但是，這時候應該要善用當下充滿幹勁的氣勢，「立刻」採取行動。

因為很多時候到了隔天心情就變得不一樣了。

善於掌握要領的人對於這種人類的心理非常瞭解，因此通常會在熱情達到最高點的時候採取行動，讓自己穩健地一步步朝著目標前進。

當然，若是對方沒有反應過來，或是自己提不起勁的時候，他們也絕對不會試圖強迫對方接受提案，或是勉強激勵自己。

這種做法反而會讓對方提高警覺，甚至有時候自己也會後悔「為什麼要做這個」。

該積極的時候就進攻，該停止的時候就撤退。

這個原則不只適用於商場上，在私底下的人際關係中也是同樣的道理。

在面對朋友或戀人的時候，當你感覺對方對你有好感時，就能多加善用當下的瞬間。

在其他時候則最好靜靜觀察，不要貿然行動。

不管做什麼，時機都是最重要的。多注意細微的變化吧。

⊙平時的準備能幫助自己善用機會

能夠抓住機會的人，往往是那些平時就會收集資訊，並且能夠迅速做出判斷的人。

想要善用機會，請千萬不能疏於準備，例如必須把重要的資料隨時帶在身邊等。當機會出現在眼前的時候，要馬上抓住，千萬不要猶豫。這麼一來，不只是談生意，在人生的每一個場合中都能持續創造出成果來。

相反的，做事不得要領的人即使眼前有再好的機會，也會因為沒有做好善用的準備，常常就這樣白白讓成功從手中溜走。

以結果來說，必須敏銳地察覺對方或自己的心理狀態和處境，並依據這些來選擇最適合的行動。而且要隨時做好準備。

這樣的能力，是豐富所有人際關係的關鍵。

因為它能對彼此都產生有意義的結果。

Point

抓緊機會積極出擊，其他時候則不要勉強。

第6章

創造最高效益的「時間管理術」

6.1 規劃「早晨時間」，為更好的全力衝刺做準備

「早晨時間」作為一天的開始，如何運用非常重要。運用得好，接下來一整天做起事情來都能得心應手，帶著充實的感覺面對工作。那麼，什麼樣的運用方式才是推薦的呢？

⦿ 透過有效運用早上的時間來提升自我效能感

早上又被稱為是「大腦黃金時段」，是大腦最活躍的時段。

在這段時間進行最優先的任務，有助於提升一整天的動力。

早上如果可以有效率地處理工作或是家事，就能用愉快的心情迎接一天。

大部分的人應該都體驗過這種感覺吧。**有效運用早上的時間，會讓人覺得可以把自己的人生掌控得更好。**這種掌控自我的感覺非常重要，在心理學上稱之為「自我效能感」。所謂的「自我效能感」，指的是相信自己的能力，有信心即使面對困難也能靠自己的能力克服。

自我效能感是自信的來源，讓人有勇氣給自己設定具挑戰性的目標，即使面對困難也不會放棄，能夠堅持下去。

透過早晨時間的有效運用而產生的「掌控自我」的感覺，有助於提升自我效能感，培養積極面對日常生活和職場挑戰的態度。

⦿ 一天的結束就是「隔天的開始」

善於掌握要領的人通常會前一天晚上就為隔天的全力衝刺做好準備，並在週末就為下週的全力衝刺做好準備。

因為對他們來說，一天的結束就是隔天的開始，週末就是下週的開始。

所以，他們會在下班之前把資料和辦公桌整理好，檢視隔天的行程，並製作待辦清單。

他們會把隔天的所有行程，以半小時為單位進行安排並寫下來，好讓自己隔天一早能夠快速進入狀況。這個習慣會大幅提升工作的效率。

這種做法也會讓自己做好心理準備，不僅在精神上更有餘裕，由於對隔天的工作有明確的想像，因此大腦會在晚上睡覺時整理流程。

這麼一來，隔天一大早的黃金時段就不需要再進行整理，不會浪費工作記憶的容量。透過這種方法，可以讓自己專注於最優先的任務，大幅提升輸出的品質。早上不需要做選擇或決定，可以減輕大腦的疲勞，帶來非常大的好處。

在安排隔天的行程時，有一點要特別注意。

那就是不要把行程塞得太緊。換言之，每天的行程都一定要保留空白的時間。

以前我總是想到什麼就做什麼，但這種做法卻導致我經常被期限將近的工作追著跑，以至於一些長期性的重要工作被不斷地往後拖延。

善於掌握要領的人會針對早晨的時間做徹底的規劃，以達到有效的運用。

為此，重要的是必須在前一天提前檢視隔天的行程，並製作、整理待辦清單，先對一整天的行程有概略的想像。

Point

在一天結束時，提前為隔天早上做好準備。

6.2 運用「大人的課表」更有效率地處理任務

工作習慣了之後，處理速度也會跟著加快。不過，只要在適當的時段進行適合的工作，就能讓生產力更加提升。早上、下午、晚上，各個時段適合進行的工作分別是哪些呢？

⦿在適當的時段做適合的工作

任務大致上可以分為兩大類：

必須利用完整時間全神貫注去進行的任務，以及利用零碎的空檔時間迅速完成的任務。

舉例來說，製作報告書或是擬定專案計畫等，就需要一個安靜、可以專心的環境，和一段完整的時間。

相反的，簡單的回信或是安排行程、確認簡短文件之類的，可以利用等待的時間或移動中等空檔來進行，因為這些任務不需要太多的專注力。

想要做事更有效率，必須要辨別需要專注力的任務，以及能利用空檔時間完成的任務，選擇各自適合的時段或情況來進行。

做事不得要領的人往往會將應該用來進行需要專注力的重要作業的時間，浪費在空檔時間就能完成的簡單任務上。

像是在大腦黃金時段的早上做回信等簡單的工作，導致後續沒有足夠的精力來進行需要專注力的任務。

或是在傍晚這種疲憊的時段做需要專心的工作，以至於進展得不如預期，或是品質變差等，都是常有的事。

這不僅會導致工作效率大幅下降，也會影響到他人對你的評價。

事實上，這不只是「做什麼」的問題，更是「什麼時候做」等方法上的問題。

然而，一般人都會認為工作沒有進展是自己的能力有問題，於是對自己失去信心。

善於掌握要領的人為了把自己的時間和精力做最有效的運用，通常會配合任務的性質來決定進行的方式。

把需要專注力的事情擺在大腦最活躍的早上進行，午餐後昏昏欲睡的時段就做一些比較不重要的作業，或是安排跑外務的行程來轉換心情。等到傍晚腦袋稍微清醒了，再一口氣把今天想完成的工作全部完成。

會議或討論等可以安排在中午左右的時段，剛好也能轉換心情；至於一些簡單的任務，就趁著移動的空檔時間或感到疲憊的傍晚來進行。

這麼一來不僅能提高生產力，也更容易做出成果來。

而且，有效率的時間管理除了有利於工作之外，同時也是職涯發展和自我啟發不可或缺的要素。如果目標是學英文或是考取證照等，瞭解各個學習任務的性質以安排適合的時間來進行，就非常重要。

舉例來說，背單字等默背方面的部分，不一定要專心坐在書桌前才能進行，可以利用搭電車或是看電視等空檔時間來做有效率的學習。

另一方面，解答文章題或是寫小論文、報告之類的作業，因為需要專心，所以必須要在安靜的環境和完整的時間下進行。

學習要有效率，最重要的是將任務分成「思考類」和「作業類」，再依據不同的類型，安排最適合的時間來進行。

尤其需要專注力的任務，最好利用大腦最容易專心的時段來進行，否則工作或學習很可能會進展得不如預期，讓自己陷入無力感。

工作也好，學習也好，最重要的是要先瞭解每一項任務的性質，清楚知道該擺在「什麼時候做」。這麼一來才有辦法發揮出自己的最大潛能，並且提升生產力。

Point

無論是工作還是學習，都要擬定「什麼時候做」的策略。

6.3 先把自己的時間「預留」起來吧

無論是在工作上還是生活中，一旦處於需要承擔責任的立場，很多時候就得先以他人的方便為優先考量，以至於最後沒有自己的時間。這麼做雖然很了不起，不過真的只要這樣就好嗎？

⊙你有「跟自己預約時間」嗎？

善於掌握要領的人會把自己想做的事情，優先排入行程當中。

這種做法能清楚劃分時間，使工作效率更好。換言之，確保擁有私人時間對於提升工作品質來說，是不可或缺的要素。

在日常生活中，「必須要做的事」和「想做的事」兩者之間的平衡非常重要。

根據英國歷史學家與政治學家西里爾·諾斯古德·帕金森（Cyril Northcote Parkinson）所提倡的「帕金森定律」（Parkison's Law），工作往往會在被給予的時間內不斷膨脹。也就是說，「工作會不斷膨脹，直到填滿所有被給予的時間為止。」

人大部分的時間都會被「必須要做的事」給佔據，以至於做「想做的事」的時間被犧牲掉。

因為這個原因，優先把想做的事情排入行程中，就變得非常重要。

舉例來說，先安排留給興趣和家人的時間，這麼一來，這些就不會被犧牲掉。

比起自己的時間，你是不是往往會以他人的時間為優先呢？

善於掌握要領的人不僅會確保自己的時間，而且在工作上也會做出成果來。

不要因為「忙碌」而把想做的事一再往後延，應該有意識地保留時間給想做的事。這一點非常重要。

如果總是想著「等工作告一段落之後再說」，那種時候永遠不會到來。因此，如果有想做的事，一定要先把它排進行程當中。

積極地規劃玩樂、學習或與人見面等行程，並且將時間先「預留」起來，如此就能實現自己想做的事。

不只是和他人的約定，跟自己預約時間同樣也很重要。大家的行事曆中，都有確實保留時間給自己嗎？而且都有確實做到嗎？

善於掌握要領的人，不會把時間的主導權交給他人。

假設一年三百六十五天當中，大約三分之一的時間用來睡覺，另外三分之一用來工作或是上學，那麼可以自由使用的時間一年就只剩下大約兩千九百二十個小時。

如此寶貴的時間，當然不能輕易交給他人。非但如此，這些時間將成為讓明天更加充實的資源。

我自己會把閱讀、上健身房、參加研習會、和朋友聚餐、看電影等留給自己的時間優先排進行程裡。

如果沒有事先把這些寫到行事曆上，意志力較弱的我有時候就會因為覺得「算了，好吧」，而不知不覺接了一些不重要的工作。

重視和自己的約定，也能提醒自己用更有效率的方式完成工作。因為一旦時間有限，人會變得更專注，進而提升生產力。

相反的，如果時間充裕，很多時候反而會把時間浪費在不重要的事情上，導致無法專心工作。

⊙ 建立一套能讓自己做想做的事的「機制」

意志力薄弱的人如果想遵守和自己之間的約定，有個很有效的方法是借助外部的支援。

例如把英語會話課安排在固定的星期和時間，或是跟他人約定好看完書之後要跟對方分享心得，或是宣告自己的健身目標和達成期限等。透過這些不仰賴意志力的方法，可以有效達成和自己之間的約定。

用忙碌作為理由而犧牲掉自己的時間很容易，但其實只要費點心思，就能擠出時間來留給自己。

重視和自己之間的約定，把私人時間拿來做有意義的運用，這對實現充實的生活來說是相當重要的一環。

想要擁有充實的人生，不能只是完成「必須要做的事」。

把時間留給「想做的事」，才是提升人生幸福感的關鍵。

追求自己的熱情和興趣，才能從每天的生活中找到意義和快樂。

在動不動就被工作和日常義務追著跑的現代生活中，想要過上健康而充實的生活方式，就必須在「必須要做的事」和「想做的事」當中找到剛剛好的平衡。

Point

先跟自己預約好時間做「想做的事」。

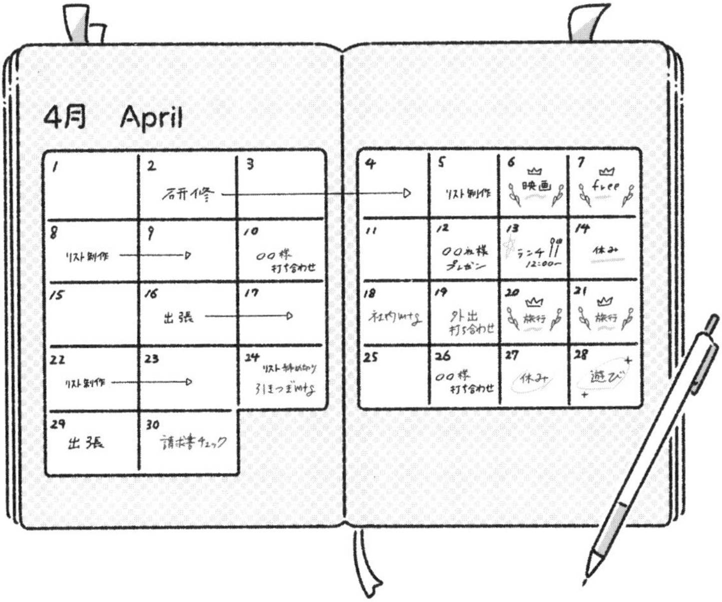
4月　April
研修
リスト制作
○○様 打ち合わせ
出張
リスト締め切り
引きつぎMtg
請求書チェック
映画
free
○○社様 プレゼン
ランチ 12:00〜
休み
社内Mtg
外出 打ち合わせ
旅行
遊び

6.4 無論再怎麼忙碌，都要在行事曆中「留白」

大家也有這種經驗嗎？突然被分配到有趣的工作，卻因為忙不過來而忍痛拒絕。這實在非常可惜。想要抓緊眼前難得的機會，建議可以隨時在行事曆中保留空白的時間。

⊙ 為什麼善於掌握要領的人的行事曆都會留白？

善於掌握要領的人的行事曆通常都會有很明顯的空白，因為他們會刻意預留緩衝時間，而不是無意識地用各種不重要的行程來塞滿行事曆。

藉由這麼做，當意料之外的機會或是緊急情況發生時，就能立刻採取行動。

行事曆上的留白不是單純的「空間時間」，而是充滿各種可能性的空間。

有了這些留白，就能創造出新的想法或點子，或是抓住突如其來的機會，也可以用來做適當的休息。

不同於計畫好的忙碌，留白帶給我們的是彈性和創造力。

大家都聽過史丹・李（Stan Lee）這個人嗎？他是創立威漫影業，催生出「蜘蛛人」和「復仇者聯盟」等美國英雄的人物。

他曾在二〇一六年到日本東京出席活動，當時我收到來自劍橋時代的友人的聯絡，說他的團隊想到京都觀光。

這是個非常緊急的計畫，因為兩天後他們就會從東京來到京都。

認識世界級大師的團隊的機會非常稀少，我當然不可能錯過，所以我把原先排好的行程全部調開，當他們的京都一日導遊。

那一天他們玩得很開心，也因為這個緣故，隔年，他們邀請我去參加世界最大動漫展「聖地牙哥國際漫畫展」。

我在那裡不僅跟史丹・李先生的團隊成員一起吃飯、享受水上運動等各種活動，還針對之後的合作專案進行了會談。

雖然史丹・李先生在二〇一八年便離開人世，但我和他的團隊成員至今仍然保持深厚的友誼，也持續進行著各種合作計畫。

其他類似情節的經驗還有擔任麥可・傑克森的左右手——特拉維斯・佩恩（Travis Payne）的翻譯人員。

那次的工作也是在活動前一週，我才突然接到請託。

當時因為某些突發狀況而急需翻譯人員，所以才會找上我。但我之所以能夠接下這個工作，也是因為行程上有空白的時間。

這些經驗顯示了靈活應對和迅速行動的重要性。意料之外的機會有時候會突然出現，想要抓住這全新的機會，關鍵就在於要能夠對這種突如其來的情況做出靈活的應對。

機會總是在無法預測的時機到來。

如果行事曆上永遠塞得滿滿的，當重要的機會降臨時，就無法做出應對。隨時保持行事曆上有留白的空間，才能對心動的邀約做出快速的回應。這麼做可以培養篩選人生中的重要事物的能力，因此，平常就必須不斷思考什麼對自己才是重要的。

在日常生活中，很多事情都不會按照計畫進行。這種時候如果沒有留白的時間，這些意料之外的事件很可能會讓一切都變成白費。但是，透過預留緩衝時間，就能迅速做出調整，順利進入下一個行動。忙碌看起來也許很了不起，但有時候也會因此錯失機會。所以，最重要的還是隨時確保行事曆上的留白。

Point

別把行事曆塞得太滿。

6.5 處理「重要但不緊急」的工作的技巧

無論是在工作上還是生活中，有些事就算知道很重要、必須優先處理，但除非很緊急，否則通常不會馬上去做。很多人應該都是這樣吧。可是這麼一來，人生就只剩下做那些「必須要做的事情」了。

⊙死線前保持不慌亂的「讓自己火燒屁股的方法」

大部分的人小時候應該都有這種經驗：暑假作業一直拖到新學期快開始了都還沒動，直到最後一天才在爸媽的催促下邊哭邊趕作業。

這和前面介紹過的帕金森定律有關，一旦認為「只要在暑假結束之前寫完就好」，結果就會拖到最後一刻才開始寫。

當暑假快結束時，原本不急的作業突然間會變成緊急事項。因為愈接近期限，事情的緊急程度會跟著提高。

工作也是一樣。

如果對方要求「請在今天內把資料完成」，就會一直再三斟酌內容，「這樣做會不會比較好」、「這樣排版看起來好像比較清楚」等，直到下班前最後一刻都還在修改。

等到期限逼近，「沒時間了，算了就這樣吧！」才斷然地交出去。

善於掌握要領的人會以重要程度和緊急程度來整理手中的任務，就算是重要但不緊急的事情，也會藉由明確設定期限來提高緊急度。

確實，這種方法利用的是在心理學上很常聽到的「期限效應」的心理，透過設定一個明確的期限，來提高作業的專注力和效率。「今天下午三點之前得把這項工作完成，交給木村先生確認」，像這樣設定出一個明確的時間，給自己一點壓力，自然就能專注地去完成。

另外，把設定好的期限告知對方，也能進一步提高緊急程度，增加對自己的責任感。

因為如果只是跟自己約定好期限，從人的心理層面來說，很容易會認為「稍微拖一點時間應該沒關係」。

所以必須借助外界的力量，也就是把設定好的期限告知他人。

這麼一來就能保持自己的責任感和緊張感，讓自己有更強烈的動機在期限內完成工作。

這種來自外界的壓力，對於激發自我管理來說非常有幫助。

開會或是討論事情也是一樣，只要直接進入主題，進行完重要的議程之後，就能馬上結束。

但實際上，很多時候只要半小時就能討論完的議題，結果卻花了一個多小時的時間。前半段如果花了太多時間，最後就只能加快腳步、匆忙結束。相信大家應該都有這種經驗吧。

過於冗長、一拖再拖的會議，只是在浪費時間而已。

如果有好幾個議題需要討論，務必要設定每個議題的討論時間，如此才能避免插入不必要的話題。

當期限逼近時，人會排除各種不必要的事情，專注在重要的事情上。並不是花更多時間就一定能交出更好的成果，重要的是如何有效率地做出更好的成果。有人會強調自己花了很多時間，但比起所花的時間，所產生的價值才是最重要的，並不是有花時間去做就行了。

想要讓工作更有效率地進行，就必須設定期限。就算是長期的專案計畫，也要安排出具體的進度，例如「在這個星期內要完成到這個部分」，盡量在不浪費過多時間的情況下達成目標。

Point

即使不急，也要記得給自己設定一個完成的期限。

結語

"Today is the first day of the rest of your life."（今天是你餘生開始的第一天）。

各位都聽過這句名言嗎？

雖然在每天被各種事物追著跑的生活中，很容易在不知不覺中就會忘記，但這是非常重要的事實。

另一方面，今天也是邁出第一步的一天。

我希望這本書可以激發大家起身行動的動力，而不是只有看完就好。

就像我在前言裡說過的，我在這本書中拋出了三十五個問題。

不曉得這些問題是否有讓你回過頭去審視自己「現在」的狀態？

現在來自於過去的你的不斷累積，而未來又來自於現在。

如果是這樣的話，為了迎接比現在更美好的未來，「現在該做什麼」就非常重要。

世界正以前所未有的速度不斷改變中，ＡＩ和物聯網等科技也以驚人的速度持續進步中。

這是無法否定的事實，同時我們也必須思考在這樣的時代中，自己想要的是什麼樣的生活。

每天的事情幾乎快要讓人失去方向，甚至有時候已經迷失在其中。有時候可能根本不知道什麼才是正確的。

在前面以「善於掌握要領」為主題跟大家聊了這麼久，但是，「要領」這個說法也許有點流於表面。

真正的重點應該是本質的思考。

不要拘泥於眼前所發生的表面上的現象，應該去思考背後隱藏的東西，以及自己真正應該守護的東西。

重要的是，我們隨時都可以選擇重新回到原點，不是嗎？

也許有些東西因為我們太過努力，結果反而變得模糊、看不見了。

最後，很開心能透過這本書和大家對話。

我也很期待下一次機會的到來。

在那之前，讓我們彼此都加油吧！

二〇二四年四月

塚本　亮

甩掉多餘壓力，輕鬆掌握工作要領 / 塚本亮作 ; 賴郁婷譯. -- 初版. -- 臺北市 : 春天出版國際文化有限公司, 2025.04
面 ; 公分. -- (Progress ; 42)
譯自 : 要領よく成果を出す人は、「これ」しかやらない
ISBN 978-626-7637-49-4(平裝)
1.CST: 自我實現 2.CST: 生活指導 3.CST: 成功法
177.2 114001475

甩掉多餘壓力，輕鬆掌握工作要領

要領よく成果を出す人は、「これ」しかやらない

Progress 42

作　　者◎塚本亮
譯　　者◎賴郁婷
總 編 輯◎莊宜勳
主　　編◎鍾靈
出 版 者◎春天出版國際文化有限公司
地　　址◎台北市大安區忠孝東路4段303號4樓之1
電　　話◎02-7733-4070
傳　　真◎02-7733-4069
E－mail◎frank.spring@msa.hinet.net
網　　址◎http://www.bookspring.com.tw
部 落 格◎http://blog.pixnet.net/bookspring
郵政帳號◎19705538
戶　　名◎春天出版國際文化有限公司
法律顧問◎蕭顯忠律師事務所
出版日期◎二〇二五年四月初版
定　　價◎320元

總　經　銷◎楨德圖書事業有限公司
地　　址◎新北市新店區中興路2段196號8樓
電　　話◎02-8919-3186
傳　　真◎02-8914-5524
香港總代理◎一代匯集
地　　址◎九龍旺角塘尾道64號 龍駒企業大廈10 B&D室
電　　話◎852-2783-8102
傳　　真◎852-2396-0050

ISBN 978-626-7637-49-4
Printed in Taiwan

YORYO YOKU SEIKA WO DASU HITO WA, “KORE” SHIKA YARANAI

Illustrations by Keita MIZUTANI
Interior design by EVERYTHINK Co., Ltd.
First original Japanese edition published by PHP Institute, Inc., Japan.
Traditional Chinese translation rights arranged with PHP Institute, Inc.
through Japan Creative Agency Inc.